U0855354

西贝创始人贾国龙在草原上

西贝2017年第四季度会议暨2018年年会颁奖晚会

西贝创始人贾国龙在西贝年度会议上讲话（一）

西贝创始人贾国龙在西贝年度会议上讲话（二）

西贝创始人贾国龙在西贝合伙人第一届大会上讲话

西贝合伙人第一届大会

本书作者冯耀龙先生（右）与西贝创始人贾国龙先生（左）合影

本书作者冯耀龙先生（左）与西贝创始人贾国龙先生（右）合影

西贝莜面走进联合国

西贝美丽服务员灿烂的微笑

西贝大学厨师培训班

西贝莜面村第一期工匠厨师特训营

西贝创始人贾国龙在西贝大学揭牌仪式上讲话

西贝高管和工匠厨师特训营学员代表共同为西贝大学点亮校徽

正在后厨工作的西贝莜面妹

西贝第2届亲嘴打折节——亲个嘴，打个折

西贝

你才真的学不会

冯耀龙——著

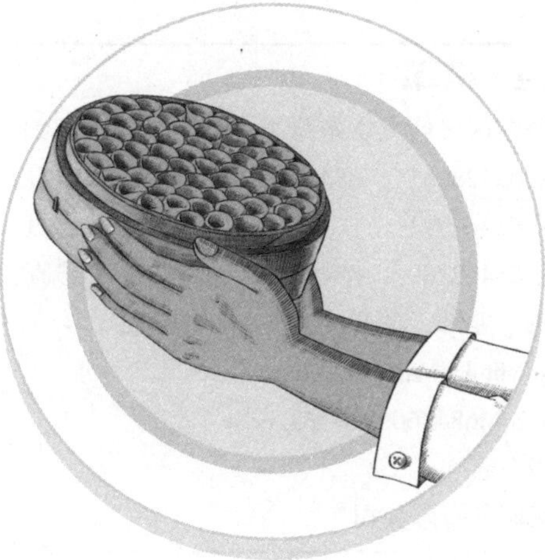

地震出版社
Seismological Press

图书在版编目（CIP）数据

西贝你才真的学不会 / 冯耀龙著. -- 北京：地震出版社，2021.3
ISBN 978-7-5028-5167-5

Ⅰ. ①西… Ⅱ. ①冯… Ⅲ. ①饮食业—商业经营—经验—中国 Ⅳ. ① F719.3

中国版本图书馆 CIP 数据核字（2019）第 285586 号

地震版 XM4533/F（6031）

西贝你才真的学不会

冯耀龙 著

责任编辑：王亚明

责任校对：李肖寅

出版发行：地震出版社

北京市海淀区民族大学南路 9 号　　邮编：100081

发行部：68423031　68467993　　传真：88421706

门市部：68467991　　传真：68467991

总编室：68462709　68423029　　传真：68455221

证券图书事业部：68426052　68470332

http：//seismologicalpress. com

E-mail：zqbj68426052@ 163. com

经销：全国各地新华书店

印刷：北京柯蓝博泰印务有限公司

版（印）次：2021 年 3 月第 1 版　2021 年 3 月第 1 次印刷

开本：710 × 960 1/16

字数：205 千字

印张：16

书号：ISBN 978-7-5028-5167-5

定价：48.00 元

版权所有　翻印必究

（图书出现印装问题，本社负责调换）

序 言

好多年前我就想写一本关于西贝的书，苦于工作繁忙，一直没有如愿。但这种意念一直在我的心里涌动，因为我觉得写这本书是我的责任，更是一种使命。我始终觉得西贝贩卖的不仅仅是饭菜和服务，更是一种情，一种爱，一种责任，一种使命。西贝的成功，源于西贝董事长贾国龙先生的高尚人格、顽强拼搏的精神、坚定的信念，以及他博大的胸怀、非凡的远见和对餐饮事业真挚的爱。

我希望中国餐饮企业多向西贝学习，中国的餐饮企业经营者应该多多学习贾国龙先生做人做事的品格，进而感悟西贝做强做大的真正原因。

在我看来，西贝是一所没有围墙的大学，西贝对社会的贡献是巨大的，而且会越来越大。

因为西贝，人生喜悦。

是为序。

中国餐饮文化大师、中国十大餐饮管理专家、西贝首任CEO冯耀龙

2020年10月1日，国庆节、中秋节，临河

前　言

也许你没有去过西贝莜面村，但你一定听过它的大名，因为在最近几年间，西贝餐饮集团的发展异常迅猛。从1999年确立“西贝莜面村”这一品牌开始，西贝就进入了快速扩张的时期。经过20多年的发展，西贝已经成为当今国内最大的西北菜连锁餐饮企业。

很多人不知道的是，西贝莜面村的前身只是一家临街小店，它是如何成长为一个庞大的餐饮帝国的呢?

其实，我们从西贝的企业愿景中就可窥见端倪：西贝要在全球的每一个城市、每一条街道都开有分店，打造最受人尊敬的餐饮品牌。拥有如此远大宏伟的目标，从起点上就把西贝和一般的餐饮品牌区分开来了。

餐饮行业，准入门槛低，只要有一家小店，几道招牌菜，似乎都有可能成为顾客心中的最爱，但是做大做强就是另外一回事了。多少人满怀雄心壮志进入这个行业，结果奋战一圈却并没有收到预期效果，最后铩羽而归。相比之下，西贝的思路就非常明确，不刻意迎合市场，而是坚持自己的餐饮理念——“为家庭、朋友聚会提供优质服务的场所”，重点在于“场所”而不是“菜品”。

或许，不理解西贝的人会认为这是“不务正业”，但其实这恰恰是人类饮食文化的真谛。在物质相对于过去要更加丰富的今天，没有谁会因一顿大鱼大肉而体验到生命的喜悦，人们更在意的是和谁在一起、在哪里用餐，而西贝正是抓住了这个潜在的心理诉求，成了顾客心目中的No.1。

西贝不仅能看透顾客的内心，还能洞察员工的内心。在人员流动率较高的餐饮行业，西贝的大部分员工都能保持5~10年的工龄，这足以证明他们真正认同西贝。这不仅是因为西贝给了他们较好的薪资待遇，还因为西贝给了他们广阔的晋升空间。西贝创立的“好汉计划”“合伙人计划”和“赛场制”等，都在不断唤醒和驱动员工为实现自我价值而努力奋斗，从而推动西贝走上裂变式的发展快车道，短短几年间就实现门店和业绩的快速增长，成为中国餐饮业中与海底捞并驾齐驱的另一面旗帜。

餐饮是辛苦的行业，无论是一线员工还是高层管理者，都承受着巨大的工作压力，但是西贝把企业打造成每个人的家，成为“大家的西贝”。这种暖心的人才管理模式，让这些远离家乡、学历不高的员工看到了希望，于是把西贝的发展前景和个人的前途紧密联系在了一起。员工安心以后，才能给顾客提供高质量的服务，让顾客也认同西贝的企业文化，真正实现了“共创共享”。

西贝未来的路还很长，2万多名员工就是2万多名经验丰富的战士，他们会跟随时代的脚步继续创造价值，西贝的未来就有了无数种可能。也许有一天，我们能够见证西贝发展史上更大的奇迹，就让我们拭目以待吧。

目 录

第一章

西贝餐饮发展之路

◆ “西贝莜面村”的发展历程

好吃的面食千篇一律，有趣的面食万里挑一。

面食起源于中国，拥有长达4000年的悠久文化。面食种类繁多，其文化博大精深。除了大家耳熟能详的山西刀削面、武汉热干面之外，在丰富的中华面食族谱上，还有一个古老的存在——莜面。

莜面是我国北方的特色美食之一，它用手工精心打造出窝窝、鱼鱼、饨饨、丸丸、玻璃饺子等多种精美形状，然后用质朴醇美的盐汤或香浓的羊汤佐配而成。凡是品尝过莜面的人，都无法用语言形容它的美妙。

莜面堪称人间美味，在内蒙古西部地区流传着“迎风十里莜面香”的民间俗语，让人情不自禁地联想到：迎着和煦的暖风，嗅着随风而至的莜面香气，令人食指大动。这则俗语用朴实、直白的语言道出了莜面的味道。最吸引人的是，莜面带给人们的不仅是美味，还有一段段精彩动人的传说。莜面的产地各不相同，关于它的传说也千差万别，在这里我们讲述两个比较有趣的传说。

张家口：莜麦是“保护禽兽，拯救苍生”的神粮

据说在很早以前，地初分南北，天刚分凉热。有一天，百兽之王猛虎神闯入天空中的凌霄宝殿，向玉皇大帝哭诉，说北国不种粮菜，每天靠猎杀百兽为食，如果不加以控制，百兽就会被杀光，恳请玉帝救救它们。无独有偶，百鸟之王的凤凰神也找到玉帝告状，说北方的百姓没有粮食充饥，每天都要杀死不少禽类，禽类也需要玉帝拯救。玉帝认为事态严重，于是找来了百粮之王谷神，问他为何北方不长粮食。谷神表示，北方气候寒冷，谷物去过几次都无法成熟结籽。玉帝想了想，说，如果有愿意去北方生长的作物，就让它晚种早熟，还能够喝酒、长毛，以抵御风寒。谷神传递了玉帝的旨意，身穿灰绿色衣服的莜麦自告奋勇地站出来，前往北方生长。从那以后，莜麦就成了张家口以北地区的特产，当地百姓吃上了香醇可口的莜面。莜麦上长有很多绒毛，而农民在播种莜麦时需要用烧酒浸拌籽种，这些就是玉帝当初许下的抵御风寒的承诺。

河套地区：莜面是汉军制胜的关键

相传在汉武帝和匈奴作战时期，因为匈奴人骁勇善战，汉军屡战屡败，补给经常被切断，为此汉武帝采纳了大将军卫青的建议，让军队就地垦荒并从各郡征调大批劳动力到河套地区。当时的农业发展水平有限，有人提议种植一种不知名的谷物，只要将它播种到土中就能自由生长，而且耐寒耐旱。后来，汉军种植了该种植物，将其制成军粮，军力大增，最后成功击败了匈奴。汉武帝龙颜大悦，封敬献谷物的大臣莜司为大将军，于是这种神奇的植物就被称为莜面。

一方水土养一方人，关于莜面有着不同的传说，虽然个中存在虚构成分，但都反映出了人们对莜面的喜爱。莜面象征着美味、温暖、力量和好运，寄托了广大人民群众对美好生活的向往。人们坐在热乎乎的炕头上，吃着热腾腾的莜面，品味的不仅是美食珍馐，还有中华民族上下五千年的历史传承。

莜面早年间流行于内蒙古中西部、河北张家口以及山西雁北一带，出了这些地方几乎无人知晓。然而一家名叫“西贝莜面村”的全国连锁餐馆，把这一民间美食传遍神州大地，甚至将其端上了联合国的餐桌，成就了一段现代传奇。

内蒙古：莜面的新生，不是传说，而是真实的传奇

1988年，内蒙古巴彦淖尔盟临河市（现巴彦淖尔市临河区）开了一家餐饮店，名叫黄土坡风味小吃店（西贝莜面村的前身）。当时这个小店只是一个不到20平方米的街边小吃店，然而创始人贾国龙坚定地认为，它未来一定会越来越好。事实证明，它真的焕发出了强大的生命力，这家看似不起眼的小吃店，生意火爆的时候一天的营业额能到100元，这在20世纪80年代已经相当不错了。

1999年7月，西贝进入北京，经营金翠宫海鲜餐厅，年底改换为“西贝莜面村”，逐渐发展为餐业界的知名品牌之一。2011年，西贝的收入首次突破10亿元，进一步扩大了市场知名度。2013年，代表了中国美食特色的西贝，在联合国总部展现了莜面这种古老美食的无穷魅力。2014年，西贝根据时代的发展进行了重要的战略变革，提出了让业内外为之一振的新战略——好吃战略，这也意味着西贝餐饮要更上一层楼。

历经20多年的风雨，贾国龙终于把西贝从一家民间小吃店变成了与海底捞、外婆家并称“餐饮界BAT”的大型餐饮集团，年营业额高达35亿元。

西贝莜面村的成功秘诀是什么呢？这当然不是一两句话就能说清的，但是如果你从消费者的角度看似乎并不复杂，那就是“独具特色，地域风情”。虽然“西贝莜面村”被叫了很多年，但其实你在这里能品尝的西北美食品类繁多，其还会随时进行工艺调整，给食客的感觉是：我虽然没有去过西北，但我能随时在西贝品尝到那里的菜品。

顾客花钱下馆子，第一看重味道，第二看重服务。但凡品尝过西贝莜面的人，都认为这个远道而来的品牌是真心对人好。在《道德经》当中，老子讲到了“道可道，非常道”。对于一个品牌来说，如何守住自己的“常道”呢？那就要无限接近于水，用自然流畅的方式让人们感知，而这正是西贝餐饮企业文化的折射，也是它无往不利的秘诀之一。

◆ 从个体小商贩到餐饮行业领军者

2018年11月，在彼得·德鲁克中国管理论坛上，一位特殊人物应邀出席。他是餐饮界的传奇，他是内蒙古人的骄傲，他有着大起大落的人生经历，他一度是媒体聚焦的明星，他就是西贝餐饮创始人、董事长贾国龙。

有志少年初长成：成熟的思维，好动的身体，坚忍的意志

贾国龙于1967年出生在内蒙古，他的父亲是内蒙古临河的医生，收入不错，母亲对贾国龙宠爱有加，他们对这个儿子的教育方式是“放养”。这种教育方式放到今天，也许会被一些家长诟病，但因材施教才是教育的真谛。对贾国龙来说，放养的教育和养育方式，更能让他个性中积极的因素茁壮成长。所以，贾国龙没有因为缺少管束变得我行我素，反而养成了良好的自律习惯，他在小学时期成绩优秀，年年都是排行榜上的第一名。

贾国龙成长的年代，经济发展水平不高，不少人的生活条件无法和现在相比。贾国龙敏锐地意识到：身边的人质朴纯真，也想做乐善好施的人，但受制于自身的经济条件，心有余而力不足。正是早年间对这个社会

现象的洞察，才让贾国龙在心中暗暗发誓：等到他经济条件好了，一定会慷慨待人。这个淳朴的愿望日后融入了西贝餐饮的企业文化中。

进入初中以后，贾国龙喜欢上了排球，每天超强度地练习，常年跟随队伍，最初一年输8场，后来一年输一场，最后赢得了冠军。后来贾国龙回忆说，当时比赛有很多死球，他们为了求胜拼命救球，让每场比赛都坚持打到第五局，宁死也不认输。虽然贾国龙没有变成排球健将，但是通过打排球，他练就了不服输的坚忍性格，成为他日后开启创业之旅的重要精神力量。

“天之骄子”的蜕变曲：另类个体小商贩

贾国龙13岁那年，母亲带他去呼和浩特看病。这是贾国龙第一次出远门，省会城市的高楼大厦跃入他的眼帘，他这才发现外面的世界是如此广阔，由此萌生了去外面闯一闯的念头。这几年贾国龙的学习成绩不够稳定，他费尽心血复读了一年，最终在1986年考上了大连水产学院。也正是在这个时期，他又获得了一个新标签——个体小商贩。

20世纪80年代，个体小商贩是一个很吃香的职业。当时的经济发展不平衡，物流不便，很多东西在异地会成为抢手货，所以不少头脑灵活的人会充当中间商赚差价，成了腰缠万贯的个体小商贩。

贾国龙在一年寒假时，从大连带回了些海鲜给亲戚吃，可是亲戚对这些带着海腥味的水产并不感兴趣，反倒是喜欢上了他带回来的“大重九”香烟。贾国龙马上意识到商机来了，于是在第二年假期时，贾国龙从大连带回了一皮箱的“大重九”，倒手就赚了几百元钱，这在当时可是一笔“巨款”，让他一年的生活费有了着落。

异地念书的贾国龙，由于水土不服患上了神经衰弱，每天晚上都睡不着觉，两个月暴瘦20多斤，人都脱相了。1988年，贾国龙因为实在无法忍受神经衰弱的折磨，只好退学。

退学后的贾国龙，为了谋生，专职做起了个体小商贩：他从石家庄购进小商品，然后贩卖到内蒙古，运气好了能够赚到十倍的差价，让20多岁的贾国龙很快就成了“万元户”，而他的很多大学同学，月收入不过区区百元。与此同时，贾国龙顽强地和病魔做斗争，他每天都要举哑铃、负重跑甚至骑马，坚持了一段时间后，他的病症逐渐消除，还练就了一身的肌肉。

当个体小商贩虽然赚钱，但毕竟不是长久之计，这一点贾国龙看得十分清楚。于是他拿出积蓄，在家人的资助下准备创业。但是，创业的方向又是什么呢？

进军餐饮：跟着市场变不会错

在改革开放初期，消费者对外来事物充满了好奇。贾国龙忽然想起自己在大连看到的时尚酒吧、咖啡馆、西餐厅，用今天的话讲都是些“高大上”的西洋玩意儿，他想当然地认为当地消费者也能喜欢，于是开了一家“西贝酒吧”。让贾国龙没有想到的是，酒吧开门之后，到这里来的客人似乎对琳琅满目的洋酒没有什么兴趣，最多是刚见到的时候尝一杯，时间长了，很多人想喝的还是二锅头，就连西式的牛排也比不上猪肘子受人欢迎。最后，贾国龙计算了一下，酒吧里卖得最好的居然是砂锅面片。

摆在贾国龙面前的有两条路：一条路是继续开酒吧，不过要大量引入中式餐饮内容；另一条路是放弃酒吧。贾国龙经过权衡后认为，既然消费者骨子里还是喜欢民族的餐饮，那么还是开一家中式的传统美食店更好，于是就有了“黄土坡风味小吃店”。

由于选对了创业方向，贾国龙开始在临河餐饮业大展拳脚，先后涉足了很多餐饮项目，像什么火锅城、小吃广场甚至西餐厅等等，只要是餐饮界存在的买卖，他都会尝试。贾国龙不只是探索不同的项目，也在尝试不同的经营方式，给未来西贝餐饮的发展壮大积累了丰富的实践经验。

贾国龙对菜品质量要求非常严格，当年在推出“好吃战略”后，他会亲自试吃西贝的每一道菜来判断质量，如果发现味道不好，他一定会仔细查找原因。这就是一个西北汉子朴实的创业理念，他带着狂放不羁的个性，带着拥有历史厚重感的莜面，在美食的世界中追逐着、探索着。

如果说贾国龙是业界传奇，那么西贝就是喜悦人生的创造者，有关它的故事刚刚开始。

◆ 在土地方整起洋玩意儿

1993年10月，西贝餐饮有限责任公司正式注册成立。

为什么要用西贝这个名字呢？从文化的角度看，莜面是中国传统美食，按理说应当像瑞蚨祥、月盛斋这样的老字号一样，沿用一个中式名字。不过，西贝餐饮反其道而行之，不少人在第一次听说“西贝”二字以后，就想要了解其命名的缘由，勾起了人们的好奇心。

“西贝”二字：西洋外壳，中华内核

其实这个缘由很简单，在1988年“黄土坡风味小吃店”开张以后，这个看似不起眼的小店，因为味道正宗，服务一流，加上贾国龙经营有道，很快生意就红火起来。贾国龙意识到，如果未来企业规模做大，“黄土坡风味”这个名字从传播的角度看并不是很适合：第一，过于土味；第二，名字偏长；第三，缺乏寓意。

改革开放之后，国门打开，一些中国企业开始热衷于起洋名，我们不能简单地把这种现象认定为崇洋媚外，而是要分析它背后的原因。一家国

际市场调查研究公司的问卷调查结果显示，在中国有至少90%的受访者会考虑品牌的来源地，有77%的受访者认为国际品牌的价格更高，而有67%的受访者认为国际品牌拥有更高的品质。那么，在改革开放之初，民族品牌势弱的情况下，这种认知会更明显。

贾国龙了解当时的国情，也能揣摩到消费者的心理，所以他才要给公司选择一个既简洁、上口又带有寓意的名字，于是，他把自己的姓——“贾”字拆开来，便有了“西贝”。“西贝”还含有“西北”的谐音。

从传播学的角度看，西贝让更多的人记住了；从市场营销的角度看，它对消费者有着一种西化味道的暗示，因为西贝的餐饮理念在当时是很超前的，所以沾点时尚味道更容易让消费者理解。

仅仅一个名字，就从侧面展示出了西贝莜面村志在长远、意在长久的战略布局。如今，西贝遍布全国60多个城市，拥有300多家店面。它所代表的已经不是一个品牌，而是一种文化，一种既依托了民族经典，又顺应了时代潮流的灵活变革。

定位：西式的生活方式，中式的消化肠胃

当年西贝酒吧的事情仍历历在目，贾国龙逐渐了解到，中国的食客们虽然对西式餐点有着浓厚的兴趣，但受制于体质、饮食传统、文化等因素，偶尔吃一顿可以，连着吃，肠胃是很难消受的。虽然贾国龙认为西餐在中国发展空间有限，但西方快餐的模式在他心中留下了深刻的印象。随着生活节奏的加快和生活品质的提高，人们既不想耗费大量的时间在吃饭上，又想提高生活的品质，那么可不可以尝试一种中西结合的方式呢?

中式的休闲正餐，就是西贝莜面村的定位。这个定位融合了时尚感，

也继承了传统饮食文化，让人们既可以在放松身心的环境中和亲友共享美食，又可以保持一种不快不慢的节奏，而这就是定位的成功。

贾国龙从来不用营销学中炒作的那一套，而是潜下心来认真琢磨中国消费者需要什么类型的餐饮品牌。在这个问题上他考虑了两个因素，一个是消费升级，另一个是消费习惯。

从改革开放伊始到今天，中国的消费环境是逐步优化的，人们的消费能力在稳步提升，“下馆子”这种事被越来越多的人接受。面对一碗普普通通的面条或一盘普普通通的羊肉，你以为你也能做出来，但事实上当你品尝到西贝的美食后就会收回这个想法，因此这一碗面、这一盘羊肉的消费就是值得的。另外，随着“休闲”概念通过西方传入中国，人们渐渐意识到“吃饭”不仅是为了填饱肚子，还能体现出一定的生活方式。它满足的不仅是口腹之欲，还能满足文化审美、人际交往、美食解构以及放松身心等多方面的诉求。

与其说贾国龙在一个土地方整起了洋玩意儿，不如说他把更先进的餐饮市场营销理念引入了企业管理中，甚至可以说在一定程度上助力了整个中国快餐界的演化方向和力度。

紧跟时代，精准锁定，顺势营销，贾国龙用“一碗莜面”建立了餐饮市场的新秩序。从1988年开始，因为发展势头良好，西贝餐饮先后开设了黄土坡风味小吃店、新大都酒楼、餐饮广场等6家直营店，而当年西贝餐饮的年收入高达1000万元人民币。

20世纪80年代，“万元户”等同于今天的“土豪”，1000万元是什么概念就可以想象到了。西贝餐饮成长速度很快，吸引了不少投资者的关注。

守住“井底”：专注让企业长寿

收入的增加一度让贾国龙开始思考：是否该用这笔钱探探其他行业？其实，这并不是“钱多烧的”，而是正常的资本选择，因为在20世纪80年代末90年代初，中国市场的三百六十行都处于洗牌、摸索、奠基的发展环节，完全不去尝试，反而代表着商业思维的保守。当然，这里还有一个个人化的因素，那就是贾国龙不喜欢喝酒。

在东亚文化圈中，酒桌文化是一种很独特的存在，小到情感联络，大到商业谈判，酒似乎成了定夺的主角，餐饮业更甚。然而，贾国龙不喜欢陪人喝酒这种风气，于是他尝试着了解其他行业，跑到一家正在改制的酿酒工厂当销售经理。虽然还是没离开酒，但基本上不用陪酒了。他甚至主动拿出3万元入股，本以为能换一种营商环境，结果发现自己十分厌恶这个行业。

经过了短暂的试探，贾国龙再次回归餐饮业并坚定地扎根至今。不爱喝酒的贾国龙还创造了一种独特的企业文化：西贝的经理不得陪酒。

在改革开放的大背景下，国内的创业者其实都是从“井底之蛙”逐渐走向更广阔世界的。不过，对贾国龙而言，餐饮业就是他要坚守的“井”，这不是因为他眼界狭窄，而是因为“井”外的世界他已经饱览过了，那并不适合他。

贾国龙是一个喜好冒险的人，他酷爱穿越沙漠，他迷恋驰骋草原，当他涉足中餐和西餐的创业项目之后，从中吸取了各自的优点，这些优点不是食材烹制层面的，而是企业管理、品牌孵化层面的：他看到了中国消费者对传统美食的执念，也看到了西方休闲式消费在城市化生活中的地位，于是他才有了以“西贝莜面”为中心的灵感爆点，沿着它的辐射路径，最终创立了西贝餐饮这个庞大的饮食帝国。

冒险是一个人的事，美食是大家的事，它不仅关乎人们能否吃饱，还关乎人们是否在延续文化。这是一个有关美食文化和人类诉求的终极课题，贾国龙坚定地选择了这个课题。

◆ 从亏损200万元到餐饮界的“黑马”

西贝莜面火了，贾国龙的心思也活了。喜欢冒险和开拓的他，自然不会甘心在临河这一方天地扎下去，于是在1995年来到了北京，那年他28岁。

初到首都，人地不熟，但贾国龙已经为自己制订了计划：一面去酒店“偷艺”，一面了解北京的餐饮业。本以为可以按计划行事，却不想他这个从内蒙古来的外乡人频吃闭门羹，即便是扫地端水这样的工作都找不到，这一系列遭遇如同一盆盆冷水泼向了贾国龙。

两个消失的“100万元”：今天的代价就是明日的出路

虽然求职不顺，但贾国龙依然没有放弃。1997年，他在一位朋友的介绍下去了深圳一家豪华但不景气的海鲜酒楼。这是贾国龙第一次看到装修得如此气派的大楼，怦然心动之下立即掏钱购买，还从内蒙古大饭店找来几位海鲜厨师。之所以跨区域招聘，是因为他想把在家乡时的全套经营模式照搬过来，然而就是这一步，让贾国龙吃了大亏。

在接下来九个月的时间里，贾国龙幻想的一鸣惊人没有出现，反而赔了

100万元。这笔钱在当时不是小数目，是贾国龙在临河辛辛苦苦攒下的钱。

这个惨痛的教训让贾国龙在一段时间内少言寡语，但也让他的性格变得更加沉稳。他在反思了失败的经营策略以后，咬着牙发誓："这是我亏的最后一个100万元。"

在旁人看来，这一次贾国龙一定能够接受教训，不想他却重蹈覆辙。

或许是因为极度不甘心，贾国龙东拼西凑，在北京承包了金翠宫海鲜大酒楼。在他看来，自己已经积攒了经验，而且掌握了一条重要情报：临河政府很快要在北京设立办事处，这个酒楼正好就在旁边，以后少不了要承接一些宴请社交的酒席。然而，事实再一次教育了贾国龙，他预想的一切并没有实现，金翠宫海鲜大酒楼成了叫好不叫座的买卖，这样规模的酒楼运营成本极大，稍有不顺就会带来巨大亏损，仅用4个月就又让贾国龙亏损了100万元。

人生中的两个100万元与贾国龙彻底告别，屡战屡败让贾国龙信心全无，他准备收拾行李回老家。临走时，贾国龙带着手下去一家西北风味的餐厅吃散伙饭，竟然看到了熟悉的家乡菜，触动他的不仅仅是思乡情，还有一个影响他后半生的决策——留在北京！

事不过三：立足北京，战略思维重启

贾国龙到底在想什么？

从深圳到北京，贾国龙瞄准的都是当时"高大上"的海鲜。海鲜的确说起来响亮，可在当时消费海鲜盛宴的人群有限，也不是贾国龙的经营强项，那为什么不延续在临河的成功，把莜面卖到北京呢？

有了想法就立即付诸实践，这是贾国龙的做事风格。他把金翠宫海鲜大酒楼直接改成了金翠宫莜面村，专卖内蒙古菜。为了营造声势，贾国龙在《北京晚报》《北京青年报》和北京电视台上投放广告，还花费10万元，请内蒙古歌唱家德德玛作为广告代言人推广了3个月，最后真起了作用：内蒙古的特色招牌菜，让金翠宫莜面村的日均流水从2万元涨至4.5万元。要知道，当时打广告的餐厅屈指可数，贾国龙大胆地做了第一个吃螃蟹的人。

第一炮打响以后，贾国龙又迈出第二步。2001年2月，他在六里桥开了分店，将"西贝莜面村"打造成餐饮连锁品牌，一时间大江南北都知道了这个装修土气、经营西北菜肴的餐馆，让那些平日里追赶着西洋快餐的人忍不住过来尝鲜，人们开始认可这个主打西北民间菜的品牌。

回过头看，贾国龙最关键的一步就是把事业重心从临河迁移到了北京。北京是中国的政治和文化中心，这里虽然开店成本高，经营风险大，但是一旦打出名号，就会向全国乃至全世界辐射，有了知名度，盈利就不是问题。当然，迈出这一步需要勇气，贾国龙做到了。

黑马诞生：遍地开花的西贝莜面村

营销要有可持续性，不能只满足消费者的好奇心，要培养大批的回头客，于是贾国龙拿出了家乡最古老的两样东西——莜面和羊肉。

当时北京卖莜面的很少，更不要说像样的店铺了。人们对陌生的食物有些排斥，甚至连"莜"字怎么念都不知道，贾国龙还发现，用北京的水蒸出来的莜面都黏在了一起，没有老家的味道。这个难题不解决，莜面根本不可能打开市场，但如果把内蒙古的水拉到北京，成本过于巨大，也限制了西贝未来的发展。为此，贾国龙拿出了实验精神，他经过反复测试才发现，并不是北京的水不合格，而是北京海拔低、气压高，蒸的时间短一点才好。

莜面做出来了，但要让消费者接受，还需要营销助力。贾国龙思前想后，决定用人们熟悉的内蒙古烤全羊帮莜面“站台”。为此，贾国龙邀请了内蒙古歌舞表演团队，让整个餐厅变得像小剧场一样热闹，加上德德玛的明星效应，越来越多的食客在吃羊肉的同时，也尝试着来一碗莜面，一来二去，莜面火爆全北京。

从此，餐厅的日均流水从2万上涨到4.5万，又飙升到6万……，西贝莜面村成了北京餐饮界的黑马。2001年11月，北京西贝餐饮管理有限公司正式成立。仅仅用了1年的时间，西贝莜面村在北京的营收过亿。贾国龙趁热打铁，一口气在全国11个城市开了60多家分店。

一家企业，如果不经历试错阶段，而是靠着好运站稳脚跟，那么势必会埋下隐患，因为人们看不到它潜藏的危机，会投入更多的成本，一旦失败将是致命性的。回过头看，正因为贾国龙亏损了200万元，他才能理性地认识到自身的短板，同时发掘出莜面的潜力，这段弯路不是他创业生涯的污点，反而是指引他东山再起的必经之路。

◆ 产品快速菜单化

菜单，是餐馆中司空见惯之物，虽然它看起来很普通，其中却藏着很深的学问。相信大家都经历过点菜时的选择困难：面对着厚厚一本菜单，根本不知道选择哪个菜，服务员也等得心急。

其实从商家的角度看，把菜单设计得很厚是为了凸显自家菜品的丰富，对于消费者来说，厚厚的菜单似乎意味着更多的选择，但实际上我们请客吃饭，重点真的是吃什么吗？并不是，更多的还是交流，而且很多菜品原本就不会被我们选择，它们的存在只会让顾客信息过载，拖延了点餐的进程。

小菜单大学问：图文中藏着哪些秘密？

一份好的菜单，应该具备逻辑清晰、设计精美、营销性强等三项功能，在这一点上，西贝的菜单可谓成功的样板，它的菜单只有薄薄的几页，很容易让消费者快速做出选择，而且呈现的每一道菜品都是精品。

在西贝菜单上有这样一段文字："西贝羊肉为什么好吃？因为只用草

原羊，吃青草，喝清泉，天然放养，纯西北原味。”这句话起到了重要的营销作用：第一，西贝的羊肉和别家的不同，它是在草原上喂养出来的，所以味道必然独特，这就是差异化优势；第二，西贝的羊肉是绿色的羊肉，意味着健康，这就迎合了如今消费者对饮食安全的重视。

当消费者看完这段文字以后，不仅了解了西贝羊肉，也对西贝的其他食材有了认识：纯天然，与众不同。

在菜单的第二页有一段文字：“闭着眼睛点，道道都好吃。”听起来它没有任何文学性的修饰，代表着大西北的一种质朴，从侧面体现出了西贝的企业文化氛围。在这段文字之下，向消费者展示了3款羊肉产品。看起来数量不多，但这恰好是西贝肉类菜品的代表，对于想吃肉解馋的食客而言，点就完事了，不必精挑细选，因为常见的烹饪方法完全能够满足一般人对肉类菜品口味的需求。这种简洁的条目设计，既强化了西贝菜品的定位，又减少了消费者的选择时间，客观上也能提高餐厅服务人员的工作效率。

吃饭离不开主食，一般的菜单会在后面介绍几种主食，但是西贝在菜单的右上角印上了“莜面是更健康的主食”，在消费者翻到主食这一页之前就看到了莜面。虽然此时消费者挑选的可能是主菜，但心中已经对莜面产生了初步的印象，在点完菜以后就会快速做出选择。更重要的是，这句话再一次加强了西贝的饮食理念：健康永远是第一位的。相比于把主食罗列在主要菜品之后的做法，这样的做法既节省了空间，又等于提前帮助消费者做出了选择，掌握了主动权。

提质增效：菜单是企业战略的落地

简单地说，西贝的菜单处处都能体现出饮食文化，而饮食文化代表的就是企业文化。除此之外，西贝的菜单还具有一项更重要的功能，那就是提升餐厅的运营效率。

我们都去过麦当劳、必胜客这样的快餐店，一般来说，最受消费者欢迎的是炸鸡这类产品。因为需求量大，正式烹饪前餐厅会将它们做成半成品，只要顾客下单，经过油炸之后就能出锅，耗时很短。炸鸡以外的产品，是顾客不经常下单的，一般不以半成品的方式保存，顾客下单以后需要等待一会儿。

那么问题来了，如果顾客不想吃炸鸡又没有时间等待，他会做出什么选择呢？要么随便点一样，要么直接选择另一家。西贝的菜单，在某种程度上就减少了客户的流失率。正如前面我们分析的那样，它在顾客点菜的时候已经潜移默化地让顾客选择某一类，这就加快了顾客的决策过程，提高了整个餐厅的库存供应速度。站在更高的角度看，全国的西贝莜面村分店都这样做，就从整体上提高了公司的经营效率，自然会拉动日流水的增长。

要想加快顾客的点菜速度，菜单的即视化非常重要。虽然现在大部分餐厅的菜单都会图文并茂，但有的是文字介绍不清，有的是图片拍摄不好，反而会起到消极作用，而西贝的菜单精练简洁，已经经受了时间和市场的考验，不会误导消费者，更不会砸自家品牌。

说起来，西贝菜单的设计离不开企业战略的敲定。

2014年7月，西贝正式提出了“好吃战略”，大胆地将干净、热情、高效这些概念放在一边，集中精力在“好吃”二字上。

贾国龙为什么要选择这样的战略呢？因为他站在了消费者最原始的出发点上——对美食的向往，我馋了，所以我来吃。相比之下，食材是否绝对正宗，服务员是否足够热情，等餐的时间是否太长，往往不起决定性的作用。而且，“好吃战略”将直接提升餐厅的运营效率，通过菜单向消费者明示和暗示“好吃”，加深了他们的印象，加快了他们的选择速度，真正实现了菜品与顾客之间的链接，而不是服务员和顾客之间的链接。和那种费尽口舌向顾客推荐招牌菜的小馆子相比，西贝无论是企业战略还是菜单设计，都是按照同样的思路执行的，消费者自然会被深度影响。

西贝能够成为餐饮界的标杆，自然有它独特的管理和营销思维。一份小小的菜单，就能从侧面展示出西贝对“好吃”的执念，还能成功地将这种执念转移到消费者身上，让他们在进入餐厅以后直奔自己喜欢的菜肴，而就在此刻，他们和西贝的美食融为一体，这就是用户和产品的深度黏合。

◆ 不断升级换代的西贝莜面村

经营策略，永远是在不断变化中逐渐完善，一成不变无法适应时代的发展。莜面作为传承千百年的美食，味道可以不变，但其余围绕它的一切都应该和现代社会挂钩。

西贝莜面村取得了巨大成功，然而贾国龙并不满足，他一口气开拓了很多周边品牌，比如西贝海鲜、西贝火锅城等。这种广撒网的策略看起来比较烧钱，但对贾国龙而言，这是用市场反应去筛选成果的最好方法。品牌是否有机会，和社会大众的喜好有着直接的关联。

改头换面：皮毛与骨肉同步升级

2011年，贾国龙在全国范围内开设了17家店，打破了之前一年开店8家的纪录。不过，这种疯狂的发展速度遭遇着上升瓶颈，那就是“20家定律”。这个定律是由呷哺呷哺创始人贺启光提出的。他总结个人经验，认为一个餐饮品牌只要开到20家店就会遭遇严峻考验，面临着客户群拓展、资金管理、库存管理、品牌建设等多方面的压力。尽管困难重重，但是贾国龙并不畏惧，他说：“过完战略的坎儿，又要过模式的坎儿；模式的坎儿过完了又要过管理的坎儿；管理的坎儿过完了，可能回头又得审视战略。这就是一个循环。”

“20家定律”到底能不能被打破，关键还是取决于人的主观能动性。以开10家店面的心态去经营20家店面当然是不行的，这就需要对原有的经营理念、经营体系进行大刀阔斧的改革，贾国龙是这么做的。

第一步，改变产品形象。

产品形象决定了消费者对它的第一印象，这关乎消费者能否和产品发生长期的绑定关系，所以贾国龙对餐厅的布局、环境进行了调整，将原来悬挂的民间照片换成了具有现代感的照片，最典型的就是换掉了一位老太太剪纸的照片。这张照片代表着地方民俗，但是年轻消费者看到后，很可能感知到的是贫穷和落后。或许他们会陪父母等长辈来这里消费，但年轻人之间的聚会不会选在这里。

除了消费环境，菜品的名称也进行了调整，比如原来的“西贝西北民间菜”很拗口，就改成了“西贝西北菜”，甚至连Logo也进行了更换，引发了全国连锁店的标识大变更。

第二步，改变菜量。

贾国龙发现，消费者到西贝用餐时存在一个“人口门槛”，即4人以上点菜容易，4人以下点菜很难。这是因为西贝的菜量很大，点得少了面子上不好看，点得稍微多点必然剩菜，也会增加开销。如果只用降价的办法就等于减少了产品的价值，并没有从根本上解决问题。贾国龙决定对菜量进行重新设计，比如把羊排拆成小块，再比如丰富菜价的档位，在原来50元和30元两个档位之间增加了40元这个新档位，便于消费者灵活点菜。

第三步，改变烹饪流程。

厨房管理，是餐饮品牌能否生存下去的关键。作为在全国范围内开连锁店的西贝，面临的一个重要问题就是“口味的标准化”。

麦当劳、肯德基这些快餐品牌能够开遍全球，标准化是非常重要的原因。无论你在北半球还是南半球，吃到的汉堡和薯条味道都是相同的，不会存在体验落差，所以客户认准这个品牌以后就不必担心口味的不稳定。但是西贝不同，以西贝烤肉为例，经验丰富的老师傅才能做出来，操作过程复杂，只开一家店没问题，可如果要在全国连锁，那就要聘请成百上千个技术相当的老师傅，这是非常不现实的，所以必须切换思路。

破解这个难题的突破口就是“复制技术”。贾国龙找来一台德国烤箱，认真分析了老师傅烤羊排的手法，特别是温度、湿度的变化等等，然后通过烤箱来实施操作，经过反复摸索终于成功复制出了相同的味道。这不仅意味着西贝的美食可以被无限复制，也意味着节省了一大笔高端人才的聘用成本，将个性化的手艺变成了标准化的手艺。与此同时，贾国龙统一了全国连锁店的厨房设备和管理模式，成为标准化的后台支撑。

第四步，改变工作方法。

餐饮虽然不涉及高精尖技术，但其复杂的流程决定了科学工作方法的必要性，因为一旦某个环节出现问题，不仅牵扯到菜肴的口味，还会影响食客的健康。西贝的“红冰箱”就是在实践中总结出的科学方法。

红冰箱：问题收集器的强大功能

只要是餐馆，都难免有被客户投诉或者退菜的经历。如果不去研究其中的原因，只是把它归结为客户过于挑剔，那就埋下了一颗定时炸弹。实际上，当一道菜多次被客户投诉时，可能并不是菜品本身有问题，而是某个环节出现了错误。

为了减少客户投诉，西贝在每一家门店都设有一台红冰箱，外面写着“消灭不良品，道道都好吃”。红冰箱被摆放在显眼的位置上，里面存放着不合格的食材和被投诉的菜品，把它们保留下来就是为了找出背后的原因。因为西贝有一个考核标准：退菜率必须控制在1%以内。这不仅是为了减少损失，还是为了维护品牌的声誉。

与红冰箱搭配的是红冰箱报告，即发现问题以后要提出解决办法，反思如何不让某道菜被客户投诉。这关乎烹饪方法，关乎食材采购，关乎客户服务，更关乎食品安全。在这种科学工作方法之下，全国的西贝门店都不断提出问题，然后找出解决方案，形成了良性循环。

西贝在反思中前进，也在前进中反思。对贾国龙来说，他改革的是一种思维方式，是一种把西贝经营下去并做强企业文化的态度，只要具有这种思维方式和态度，就不怕失误，因为西贝人会第一时间拿出解决方案。

◆ 新冠疫情下，西贝迎来无数关爱

2020年初，突如其来的新冠疫情开始在全世界范围内蔓延，国内各个行业都受到了严重影响，经济下行，聚集性较强的餐饮业遭受到了更为严重的打击。

餐饮业遭受浩劫，引起了广大民众和媒体的关注。当记者采访西贝餐饮集团董事长贾国龙时，得知情况比想象中更加严重：西贝的400家线下门店受疫情影响处于关闭状态，唯一活跃的是100多家外卖店。贾国龙虽然保持乐观的心态，但是他也不得不说出真实的情况：西贝在2020年春节前后，月收入减少7亿至8亿元，算上2万多名员工的1.5亿元的开支，这会是一个难以承受的天文数字。粗略算下来，如果疫情继续蔓延，公司账户的现金流不消3个月就会彻底断裂。

勇于担当：风雨同舟不是一句空口号

处于生死攸关时刻的西贝，代表着当时中国餐饮业的状态，自然引起了全社会的广泛关注。然而，真正能拯救西贝的只有西贝人自己。这一刻，西贝人展示出了他们在对抗磨难时的勇气、信心和力量。

分担责任和风险，分享权力和成果，是西贝人一直坚持的准则，也是贾国龙带领团队创业至今的座右铭。面对庞大的人力成本，他第一个想到的不是裁员，而是如何让大家都能保住饭碗。贾国龙的担当让西贝的全体员工看在眼里，更急在心上，他们一直认为：企业不仅需要老板有担当，也需要员工有担当。

西贝旗下受疫情影响最严重的是位于库布齐沙漠的铁军沙漠训练基地。这是西贝为了倡导保护环境和生态而建立的拓展训练基地，本来就远离人烟，如今加上病毒肆虐，彻底断绝了收入。于是，基地的伙伴们开始讨论如何共渡难关，经过讨论大家一致认为，国家虽然可能会有补贴、减税等帮扶政策，但这些政策需要落实的时间，眼下最好的解决办法就是自愿停薪，帮助基地、帮助西贝挺过黑夜！

万众一心，风雨同舟，基地的所有管理人员自愿停薪一到六个月。为了避免纠纷，他们通过确认和批准的形式完成了申请。在那个经济形势不明朗的非常时期，做出这样的决定需要莫大的勇气。

新冠无情，人间有爱。西贝上下紧密团结在一起。一天，贾国龙收到了北京香山店送货员冯杰送来的食物，让他非常感动，之后让他热泪盈眶的是，冯杰离开后用钉钉给贾国龙发去一条信息：“贾总，我给你送来了午饭，但是我刚才忘记说一句话：你待在家里，不要到处乱跑。你是大家的支柱，我们西贝一定会挺过去的，大爱西贝！”贾国龙看着这质朴的文字，按捺不住激动之情回复了一句：“放心，我不会瞎跑。”

绝境逢生：一封牵动人心的感谢信

西贝人的团结一心，终于让危机四伏的企业拨云见日。西贝一直给消费者带去极致的用餐体验，虽然门店无法营业，但很多消费者仍然惦记着西贝的美味，想着那些永远微笑、彬彬有礼的服务员，这些都是他们和西贝的点滴记忆。当这些体验深入人心以后，就会升华为一种真情实感，让人们惦念着那个热情、体贴的餐饮品牌，希望它能够在疫情中涅槃重生。终于，在不少人表示“欠西贝一顿饭”的同时，外卖业务使西贝迎来了转机。不久之后，贾国龙在公司的官方微信公众号上发表了《致西贝所有伙伴的一封信》，内容如下。

亲爱的西贝伙伴们：

大家辛苦了！

由于突如其来的疫情，全国所有餐饮企业都正在经历着一场史无前例的考验，我们全国有超过4/5的门店受疫情影响关闭了堂食业务。但在伙伴们的齐心协力下，我们逐渐开放外卖业务，现在已经有近200家门店外卖正在稳步运营，外卖的业绩也在不断提升。不仅如此，公司也想了很多办法来渡过这次难关，我们的总部员工率先表态，愿意延后领取工资，全力支持咱们一线的伙伴。在此，我要感谢大家，感谢你们在公司困难的时候和公司同舟共济，和公司一起共担责任和风险。

现在还在上班的伙伴，我由衷感谢你们的坚守，感谢你们在这个特殊时期替我们所有人照顾西贝的顾客，我们西贝人在任何时候都没有忘记我们的本分和使命，践行西贝“随吋随地一顿好饭”的承诺。但一切的前提是，请大家一定要好好照顾自己，保障自身的健康安全。我们的干部更要带好头，做好一切防护措施，不能有一点马虎和放松警惕！在岗位上要保证每位伙伴得到防护，在宿舍里要保证每位伙伴生活好、休息好。

比起生意，我更关心咱们每位伙伴是不是安全，是不是还满怀信心与热情。在此，特别感谢武汉的伙伴们，感谢你们的坚守和信念，给予我们无穷的力量！公司将是你们最坚强的靠山，你们是西贝最宝贵的财富。

没有上班的伙伴也不要着急，把心放在肚子里安心地生活，好好吃，好好喝，好好锻炼身体，保持心情愉快，等疫情过去了，我们再认认真真做生意，有你们忙的时候。

一直以来，我的信念就是把小西贝办成大西贝，把大西贝办成大家的西贝。西贝到今年5月29日就32岁了，我们看到很多伙伴从十几岁、二十几岁就到了西贝，三十多年过去了，很多人的第一根白头发就是在西贝长出来的。我们看到很多伙伴在西贝成了家，有了自己可爱的孩子，我们有很多员工就是夫妻档，大家在西贝相识、相爱、成家立业，把西贝当成自己的家。作为领头人，我很欣慰，我和所有领导团队干部始终都在思考，怎么才能让大家更有归属感，怎么才能更好地成就他人，让每位伙伴都能够在西贝这个平台上不断地学习、成长，收入不断增长，人生充实而喜悦。这个事情，我们刚好可以利用这个时间多想一想。

最后我想说：绝处逢生，否极泰来。西贝人从来不怕困难，三十多年一路走来，我们克服了无数的困难，这一次相信我们同样能够战胜疫情。乘风破浪会有时，直挂云帆济沧海！

马上就是元宵节了，在这里祝所有的西贝伙伴团团圆圆，喜悦安康！

贾国龙

2020年2月6日

受到消费者关爱的同时，西贝在绝境中发现了新出路。西贝逐步放开了外卖业务，先后约有200家门店相继开业。由于消费者主动“救市”的积极性高，西贝开通外卖业务的门店数量竟然又增加了一倍。为了把线下的用餐体验完美移植到点餐服务中，西贝推出了米面粮油、10斤装的平价蔬菜组合以及休闲零食等产品，丰富了产品种类，甚至消费者在家里就能吃到香辣可口的羊蝎子火锅。

西贝在新冠肺炎疫情这场危机中展现出了强大的品牌价值和生存能力，也证明了消费者对西贝的真爱。这自然有必然性，那就是西贝经过多年的品牌积累和团队建设，无论在对内还是对外方面，都拥有着独一无二的魅力。人们不禁要问：西贝为什么能赢？人们为什么偏爱西贝？

要想找出答案，我们就要回头了解西贝一路走来的故事。

第二章

西贝的定位战略

◆ 西贝莜面村，就从这里起步

要想竭尽全力做好一件事，目标要放在第一位，这样才能清楚自己的定位，在行动中才有发力之处，也会预判自己可能遇到的障碍和危机。

自2001年正式启用“西贝莜面村”，将其作为餐饮连锁品牌以来，贾国龙逐渐意识到，在残酷的市场竞争中，西贝不仅要从上到下进行改革，还要明确自身的定位，否则很难在市场中存活下去。

顺应市场：不是在定位就是在定位的路上

贾国龙为何重视西贝的定位？直接卖西北菜品不好吗？事实上，定位是创始人的精神养料，也是驱动企业发展的重要战略。当创始人发现自己走进死胡同的时候，第一个想到的问题就是定位是否错了。从这个意义上讲，市场竞争其实比的不是产品，而是客户的认知。简单地说，西贝的烤羊排真的不可替代吗？未必，但是如果客户把西贝的烤羊排当成大西北淳朴民俗的组成部分，那么就非吃它不可了。

那么，贾国龙都对西贝进行了哪些重新定位呢？我们按照时间线来看看。

第一次定位——西贝西北菜。

2010年4月，贾国龙参加了一场品牌战略定位课，他从中认识到了定位战略的重要意义，为此他支付了400多万元的品牌定位咨询费，请来的智囊就是特劳特中国公司。很快，贾国龙收到了第一条建议：去掉“莜面村”，因为它并不能帮助消费者很好地记忆，反而令人读起来有些不知其意。于是，贾国龙便以“西北菜”为菜品总系列的大方向。到了第二年，贾国龙仿佛找到了感觉，接连开了17家门店，展开了全国的市场布局。到了今天，如果你问大家对西贝菜品的认识，很多人脱口而出的就是“西贝西北菜”。别小看这个下意识的反应，当食客们把这个菜品大系烙印在脑海中以后，就会强化对西贝所有菜品的认识：西贝的烤羊排、西贝的莜面……这个清晰的定位可以让相似口感的美食变得别具风味。

第二次定位——西贝烹羊专家。

定位之路，何其漫长。2012年，贾国龙得到里斯中国的建议，就西贝的羊肉系列菜品生成一个新定位——“烹羊专家”，这是因为西贝的羊肉原料和加工方式有着独特的优势，称得上是专家级别。不过，这个名字毕竟和莜面存在着冲突，所以后来被转移到旗下的“九十九顶毡房”中，成为一个子品牌、分支。

第三次定位——西贝莜面村。

“莜面村”这三个字一度在西贝的定位中消失，但战略定位本身是在不断调整的。从2013年开始，贾国龙发现莜面具有强烈的饮食符号象征意义，而此时大量的中式快餐出现，为了体现产品的差异化特征，把“西贝莜面村”这个名字保留下来才有利于消费者认知。虽然从表面上看好像是瞎折腾，但其实这是西贝对市场和消费者进行深度剖析之后的结果。

事实证明，贾国龙的这一次“折腾”有了成效。2013年，“西贝莜面村”凭借健康时尚且源自本土的优势引起了国内美食界的关注，入选中国烹饪协会“中国美食走进联合国”活动，最后竟然在联合国总部和纽约大学亮相，向全世界强调了自身的定位，它散发的古老魅力征服了美食爱好者。

营销加持：广告播一百遍的变现能力

2014年，西贝的定位战略总算告一段落，此时其创立了一个“I❤莜”的超级符号，增强了西贝莜面村的时尚感，吸引了不少年轻消费群体。

为了强化西贝在消费者眼中的形象，让其定位彻底沉淀在品牌内容中，西贝独家买断了曾经登上《舌尖上的中国》的绥德老汉的黄馍馍，把它和西贝食品大系融合在一起，还通过滚动播放的形式加深了食客对这一系列美食的认识。

那么，经过几次定位探索的西贝，究竟让消费者产生了何种认知呢？

如果你是一个美食爱好者，那么西贝莜面对你而言，就是一种代表着古老手工美食工艺、口味正宗的传统面食。在你品尝它的时候，脑海中会浮现出广袤苍劲的大西北风光，你能想象出生活在这里的人和现代都市人的差别，而每一根莜面都融入了这种粗犷之美，你品尝的不仅仅是美味，还有来自大西北的故事。特别是用《舌尖上的中国》背书后，人们一看到和西北菜系有关的信息，就会忍不住想起西贝。

古老的美味是西贝最传统的一面，它还有着时尚新颖的一面。前者是传承中华饮食文化得来的，后者是进入现代社会之后演化而来的。当一家又一家西贝莜面村在全国各地落地时，人们只要见到外面的招牌，就会想起“I❤莜”这个含义丰富的符号，然后就会回忆起和亲友去西贝莜面村的就餐体验，脑中回放的都是西贝的中央开放式厨房和热情洋溢的服务员，会深深感受到在快节奏的生活中，传统美食也能成为时尚快餐。

深度剖析：搞定消费者的“三昧真火”

总的来说，西贝的定位中离不开三大要素。

第一，小地域。

西北地区是中国欠发达地区，外界对它的了解相对较少，更不要说贾国龙起家的临河了。但正因为这样，这种小地方传过来的美食就多了几分神秘感和新鲜感，会让消费者觉得这是一种稍显冷门的饮食文化，会显示出自己的与众不同，消费者对西贝的偏好自然就超过了某些大众品牌。

第二，口味正宗。

现在很多主营传统美食的饭店嘴上强调“原汁原味”，实际上却在欺骗消费者：不是四川人做的麻辣烫，不是山西人做的刀削面……这样既伤害了消费者的感情，又委屈了他们的肚子。但是西贝不同，在贾国龙的多次改革下它已经成为西北菜系的“课代表”，消费者在选择西贝时完全放心，这种正宗和地道的美食，才是最具有市场生命力和大众缘的。

第三，健康安全。

来自西北的纯天然的羊肉，开放式的中央厨房，这些都是体现美食健康安全的符号，在消费者重视饮食安全、卫生的今天，无疑成了西贝打消食客顾虑的有效手段。很多人一想起“那个村子”，联想到的就是整洁简约的就餐环境和透明的烹饪操作流程，心安了，掏钱时才不会犹豫。

从默默无闻到一鸣惊人，从几经探索到业界标杆，西贝的起点并不比同行高，所走的弯路也不比同行少，但是西贝敢于反思，乐于尝试，勇于颠覆，所以才能在不断变化的市场浪潮中成为百舸争流中的王者。

◆ 聚焦定位：好吃战略

企业战略从来不是一句空谈，它是企业在变幻莫测的市场环境中保持初心的根本，也是企业在走入绝境时坚持下去的动力。没有战略或者战略选错，企业都会被悄无声息地逼到死角。正如在野外探险的人，只有聚焦在一个方向上，才有可能走出一条光明之路。

定盘的星："好吃战略"，看似简单却暗藏绝学

从2014年开始，贾国龙把"好吃战略"当成了西贝的企业战略，西贝的核心竞争力就是"好吃"。没想到，报道该战略的新闻在发布后的第二天点击量就达到了38000，这在移动互联网刚刚起步的时代已经是很可观的数据了。这说明社会大众对"好吃战略"是充分认可的，也让贾国龙坚信自己没有选错战略。

"好吃战略"的提出，直接将西贝的发展拉回到了餐饮业的本质上，也拉回到了美食的灵魂上：无论你的餐厅营销能力多么强大，无论你的企业文化多么富有内涵，都敌不过菜品"好不好吃"四个字的拷问。

贾国龙为什么会提出“好吃战略”呢？用他的话说，他自己就是一个吃货，他是真心喜欢餐饮业才入行这么多年的。因为喜欢，所以就会钻研。钻研什么？当然是菜品好不好吃。这是一种职业习惯，甚至发展成了“强迫症”。一旦发现某道菜做得不尽如人意时，贾国龙就会从原料、厨师以及设备等多个方面查找原因，直到彻底解决问题。

在很多人看来，饭店里的菜品就应该是好吃的，不好吃谁会花钱来这儿消费呢？然而现实真的如此吗？菜品做得不好吃的饭馆遍布天下。这个看似简单的要求其实最难实现。贾国龙采用一种近乎偏执的心态去努力实现这个目标，这就体现出了干一行爱一行的专注之心。

西贝执行力：五大措施把“好吃”进行到底

提出战略只是第一步，第二步是如何践行战略。

从2015年开始，西贝将全部资源集中在如何提升菜品质量的问题上，从服务员到厨师，每个人都努力站在自己的角度上提出问题并找到解决之道。

2016年的时候，贾国龙心中的“好吃战略”又清晰了一层：他要把西贝打造成一个代表纯天然的品牌，不仅没有任何直接添加成分，甚至连间接添加成分都不存在。这在业内绝对是非常罕见的，贾国龙要将“好吃战略”进行到底。

提出“好吃战略”，对西贝来说是一个巨大的挑战，因为中国有一句俗语叫“众口难调”。好不好吃，虽然有着客观的评判标准，但具体到每个人的身上，难免会存在主观上的偏好。一旦你认为好吃的东西别人觉得不好吃，就会变得十分尴尬。

不过，从目前“大众点评”上人们对西贝菜品的反馈上看，“好吃战略”是绝对没有问题的。全国各地门店前经常出现的食客排队吃莜面的场面，已经从侧面证明了西贝真的实现了看似不可能的“众口可调”。那么，“好吃战略”是如何体现在西贝的每一道菜品上的呢？

第一，落实到人。

当“好吃”成为一种要求时，西贝人就有了不同的分工。服务员要根据食客的叮嘱，传达给后厨“少辣”“多盐”等信息，让每一道菜品既有标准又可以临时“定制”，这就从客观上协调了不同的口味。厨师不仅要听取服务员传递的信息，还要根据自己的经验，从地方饮食口味出发，大致总结出消费者的饮食要求，从自身的专业能力入手，根据不同的食材来决定用料和火候。当“好吃战略”落实到每个人身上时，它就不再是一个口号，而是一个可执行、可复盘的具体战术。

第二，宣传到位。

再好的战略也离不开营销的助力，闷头做事没错，但把事做好的同时把生意做大，需要从美食家思维回归到商业思维上。“好吃战略”的一句口头语是“闭着眼睛点，道道都好吃”。这句话不仅印在了菜单上，还出现在了2016年中央电视台春节联欢晚会播出当天西贝专门投放在中央电视台的广告中，当时该广告滚动播出了46次，足足花费了2000万元的广告费。这笔钱花得很值。为什么？西贝并不是为了炒作，而是让每个可能来西贝用餐的消费者知道这个战略。这样当他们亲口品尝时，真的感到好吃了，才能证明西贝这个战略确实有效，否则仅仅单纯进店品尝，就浪费了一次验证西贝初心的机会。

第三，安全第一。

食物好吃的前提是什么？是选用的食材干净卫生。西贝一直在食材的纯天然、无污染、无毒害上死磕，这不仅是为了保证顾客的饮食安全，还为了保证口感的纯粹，让好吃在食材优质的前提下得以实现。

第四，精品路线。

一直以来，总有消费者“吐槽”西贝的菜品性价比不高，菜量不够大。的确，这是西贝的特点，但绝不是缺点。因为低价格的背后是低投入，而低投入代表的是不够用心。当厨师资质不够、服务员态度不端的时候，“好吃战略”怎么可能顺利执行呢？贾国龙坚定地认为，优质的品牌是要付出代价的，一旦走低价路线，就和高品质渐行渐远了。所以，西贝的菜量虽然不大，但是制作精湛，再挑剔的消费者也会赞叹不已，而当食物的总量减少时，会让人产生意犹未尽之感，最后脱口而出“好吃”。

第五，优质环境。

一道菜是否好吃，和用餐环境是有密切关系的。站在乌烟瘴气的土路上，吃什么珍馐美食都觉得味同嚼蜡。西贝的硬件环境受到了很多人的好评，不过，西贝为食客用心创造的更多的还是软环境——开放式的厨房和热情洋溢的服务员。干净整洁的厨房，不仅让消费者放心，还传递给他们一个信号——食材是卫生的，加工出来的味道也不会差。服务员的贴心服务，能够让消费者心情愉悦，而当人处于正向情绪中时，会主观地给食物加分，从而为“好吃战略”的实现添砖加瓦。

贾国龙说过：“我不仅是一个吃货，一个偏执的吃货，还是一个有梦想的吃货。”或许正是这种心态，才让西贝一如既往地坚持“好吃战略”，坚守着烹制美食的初心。如今这份初心已经让越来越多的消费者认同并深受感动，当他们在西贝的门店外面耐心地排队时，这种认同和感动就成为他们坚持与西贝在一起的动力。

◆ 创造极致的顾客体验

如今，越来越多的商业人士意识到：服务经济的下一步就是体验经济，谁能依靠体验服务获胜，谁就能成功占有市场。在竞争同质化的餐饮行业中，体验感更是决定品牌生死的关键。不夸张地讲，食客吃到嘴里的每一口菜，都是工匠精神的具体体现，而这一切努力最终都是为了达成一个目标：极致的顾客体验。

极致体验：从总则变成执行方案

什么是良好的顾客体验呢？简单地说，就是满足顾客的基本需求，还能额外提供给顾客愉悦感。

西贝给自己定义的顾客体验是什么呢？是满足顾客“慢慢地、体面地、讲究地”享用一顿美味。

顾客有需求，西贝予以满足，由此可让顾客对西贝产生依赖。那么，依赖的点有哪些呢？好吃、热情、干净、快。2014年提出的“好吃战略”是一个核心战略，在此之后贾国龙又提出了好吃、热情、干净和快的目标。

要想产生极致的顾客体验，西贝需要在每一个环节上做到最好。把这些环节累加起来以后，就会让顾客产生极致体验。

第一，选择极致的原料。

俗话说："巧妇难为无米之炊。"再好的大厨，缺乏合格的食材也做不出美味佳肴。所以，西贝对食品原料是非常重视的，一直努力寻找野生的牛羊肉、耐寒低产的五谷杂粮，如甘肃的白兰瓜、内蒙古的雪花面粉以及新疆的辣皮子等等。这些来自不同地域的食材，有着独特的色香味属性，当它们经由厨师之手融合在一起时，就产生了口感上的极致体验。

第二，加工方法做到极致。

有了上好的食材后，还需要极致的加工方法。西贝也曾经走过弯路，雇用名厨烹饪美食，结果遇到了无法标准化的难题。为了让全国各地的西贝食客都能品尝到相同的美味，西贝推广了电脑控制的烤箱，普及了现代化的烹饪设备，将美味做到既"寻常可见"又"极致非凡"。

第三，做极致的研究。

传统美食延续了传统，然而时代在进步，消费者的口味也在变化，一味固守传统是跟不上市场发展的节奏的。而且，标准化的烹饪并不代表着一成不变，所以西贝在提出"大师作品，工匠复制"这个思路以后，在工器具、设备、工艺等方面不断推陈出新。对此，贾国龙的看法是"只有品牌企业才能做到既有规模又有质量，因为有规模的企业才请得起大师来做研发和设计，有优秀的人，才有好的品质。"

第四，可视化管理。

现在，不只是餐饮业，各行各业的大部分公司都需要考虑"库存管理"问题，因为一旦这个环节出现问题，就会从整体上拖慢公司的经营效率，特别是客户端的交付效率。在库存管理方面，西贝将物料库存当成运营链条上的缓冲，按照紧急程度将其标定为红、黄、绿三种颜色，由高到低展开优先级排序，为那些急需订货的物料开启绿色通道。正是有了这种效率上的保证，西贝才能缓解运营中的压力，把“快”落到实处。

严控退换率：每个西贝人都有责任压缩退换率

为了最大化地实现“好吃战略”，西贝在“闭着眼睛点，道道都好吃”之外又提出“不好吃，不要钱”的口号，并把它当成实践原则。当然，并不会有多少食客真的会因某道菜不好吃而要求免单，但是西贝既然敢于提出这个口号，就说明西贝把消费者的体验放在了第一位，这从侧面强化了顾客的实际体验。

为了让“不好吃，不要钱”真正落到实处，西贝内部设定了一个退换率的目标，那就是要将退换率控制在2%以内。当然，这并不是不给更多顾客退换菜的机会，而是希望从源头上杜绝这种现象的发生，毕竟当顾客退换菜的数量太多时，“好吃战略”也就土崩瓦解了。

2%以内的退换率，代表着西贝人敢为人先的精神。2016年，贾国龙给大家算了一笔账：如果有2%的顾客退菜，按照当年30亿元的营收计算，就意味着价值6000万元的菜品被退回，而投入的成本大概为3000万元，这笔钱是笃定收不回来的。但是贾国龙并不心疼，因为这3000万元换得了顾客的极致体验和信任。

极致的顾客体验，需要有强大的后台系统来支撑，为此西贝建立了“超配资源”系统。贾国龙认为，“超配”代表着企业的能力和魄力，更代表着一种管理之力。做好研发，就是为了提升菜品的口感；组织人力，就是为了优化顾客的就餐感受；展开营销，就是为顾客的认知体验做好准备。

为了研发出新的菜品和新的口味，西贝花大价钱聘请美食大师参与公司的研发工作，为每位菜品经理配备两位助手，帮助他们完成菜品标准的落地并做好后续监督工作。西贝的态度是，研发经费绝对不能省，省一分经费都会让顾客的体验感下降。

为了让每个员工都能对顾客用餐时的良好体验有所贡献，西贝建立了强大的人员管理制度。员工和干部一起工作，干部要起模范带头作用，而作为核心人员的厨师，西贝对其实施更加细致的管理机制：一是给予厨师授星待遇，让他们产生职业自豪感，有了自豪感才有烹饪美味的动力；二是对厨师进行专业的岗前、岗上和升职培训；三是鼓励厨师成为精英创业者。这一整套完整的人员管理制度，使每个西贝人各司其职，都在努力提升顾客的用餐体验，形成了良性循环。

为了通过营销使顾客产生认知上的体验，西贝加强了门店和顾客、服务员和顾客之间的联系，让他们保持通畅的沟通，顾客有什么问题都能及时反映给后台，门店有什么新菜品也能及时地传达给顾客，实现信息的高度对称，这样顾客就会加深对西贝的了解和喜爱，进而使西贝收获良好的口碑，而口碑对于潜在用户来说，会使其产生认知层面的极致体验。

在体验经济时代，顾客越来越看重消费时的感受，而不会只关注性价比。西贝的体验战略正是迎合了市场和消费者的变化，通过付出和汗水逐渐赢得了消费者的信赖，这才有资格成为中国餐饮界的标杆。

◆ 经常被误解的西贝

“顾客就是上帝”是商家最喜欢说的话，但是真正能做到的不多，西贝就是其中一个。贾国龙认为，顾客的满意度和忠诚度比利润更重要。事实的确如此，有的商家看似在为顾客提供“上帝”一般的服务，但这些服务最后都是由顾客买单，并没有真正奉送给顾客额外的惊喜，这不过是一种变相的“增值消费”罢了。但是西贝不同，西贝提供的服务，一部分包含在顾客的消费中，另一部分则是真正额外赠送给顾客的。这样做看似不计成本，其实目标非常明确：只要顾客的体验感得到了优化，损失一点也无所谓，因为换来的是顾客对西贝的忠诚，而忠诚是难以用金钱来衡量的。

事实证明，西贝的这个服务思路是正确的。在寸土寸金、各大餐饮品牌汇聚的北京，西贝的门店能够长期保持较高的客流，已经成为国内餐饮界的奇迹。这并不是因为西贝的菜品真的如天上美味，而是因为顾客总能享受到超值的服务，而且这些服务不是“羊毛出在羊身上”式的服务。

业界猜想：西贝不上市到底为什么

出来创业的，没几个不想上市的，因为上市意味着公司内瞬间会产生几十甚至几百位不同量级的富翁。当然，也有一些企业因为自身的特殊性不选择上市，比如华为。但是对一个餐饮企业来说，既不涉及需保密的高精尖的技术，又不涉及行业的支柱性意义，那为什么不上市呢?

其实对上市公司来说，很多费用往往会以利润的形式来呈现。比如公司搞了一次团建活动，一共花费1万元，按照10倍的市盈率，那么报表上就相当于有10万元的利润被吃掉了，因此大多数公司都会选择节省相关费用，这是为了保持账面上好看。但是贾国龙不想这么做，他提出的口号不是“西贝不上市”，而是“西贝永远不上市”，可见在这个问题上他下了决心，把话说绝，断了所有人的念想，如果有人和他理念不同，等着做持股富豪，那不如赶紧另谋高就。

归根结底，贾国龙选择不上市，是因为不想让外界资本介入西贝，从而影响了西贝的正常秩序。一份光鲜亮丽的财务报表，确实能够打动很多人，能够吸引更多的股民跟投，从而增加企业的市值，但是这样一来，西贝就不是之前那个西贝了。贾国龙有很多地方需要用钱，一方面要鼓励员工不断创新，让员工勇敢试错，在产品创新上不惜一切代价；另一方面，要建立起一个自上而下、逐级覆盖全员的梦想工程，只有这样，才能真正唤醒每个西贝人沉睡已久的渴望，只有让人们为梦想去奋斗、去生活，他们工作起来才不会十分疲惫。

人们之所以误解西贝所做的一切，往往是因为只看到西贝眼前所做的事情，没有意识到西贝其实是站在更高的层面去思考问题和处理问题的。西贝一直在尝试打破边界，不断拓展生存空间，这也就决定了外界不能对西贝产生太多的干扰，因此贾国龙才不听所有人的劝说，选择了永远不上市。

西贝服务之道：学它只能学到皮毛

外界学习西贝时，往往会把目光聚焦在西贝的服务上。的确，西贝的人性化服务堪称业界标杆，但这并不是西贝打动顾客的关键。一线员工对服务和餐饮的理解，终究还是源于西贝高层的指导和培训。如果没有大胆的放权，员工如何能用免单权让顾客满意呢？如果没有赛场制度，员工如何才能挖掘潜力，实现个体价值呢？所以，每个从事餐饮行业的人，首先看到的应该是西贝的战略选择，这不仅需要智慧，而且需要勇气，因为很多先进理念都是在实践中得到证明和完善的。实践期间少不了试错行为，这需要企业有一定的担当。

那么，如何才能拥有与西贝相似的战略思维呢？对于这个问题，我们不能从管理者的角度出发，而要从员工和用户的角度出发寻找答案。当你设身处地地为员工着想时，你就会发现他们有被尊重的社会需求，有得到晋升的人生追求，有需要关爱的情感需求。当你满足他们的这些需求之后，员工自然就和企业紧密地站在了一起，这不是高层坐在办公室里阅读现代管理学书籍后得出的结论，而是换位思考之后的必然选择。同样，顾客的需求也不是简单地吃一顿饭，更不是只为了服务员一个迷人的微笑，而是渴望在一个舒适的环境中和家人、朋友、恋人相聚。这是一种情感需求，而情感需要温暖，需要意外，所以西贝就要把这些提供给顾客。

人们对西贝的某些误解，从本质上看，是因为不了解餐饮，不理解员工，不倾听顾客的心声，依然用传统的观念，从功利化的视角出发去分析和揣摩，这样得出的结论自然和客观事实相去甚远。其实，西贝并不难懂，正如贾国龙只想做好美食一样，它的企业理念是单纯的，而越是单纯，就越能接近生活的真相，找到了饮食文化的真谛，也就收获了商业上的成功。

如果你不想继续误解西贝，那就把亲朋好友请到家里，然后亲自下厨做一顿好饭，一切就会豁然开朗。

◆ 向西贝学些什么

任何一个领域中都有领跑业内的王牌，自然也就有向王牌学习的同行。不过，每个企业自身的定位不同，实力不同，企业文化不同，盲目学习王牌未必就能变成王牌。而且，每个企业所处的发展阶段不同，对应的经营和管理思路也不同。

通常，企业有初创期、成长期、衰退期和死亡期四个阶段。一个处于初创期的企业盲目学习处于成长期企业的经营策略，又怎么可能成功呢？不同企业的需求和发展规模不同，简单照搬照抄不仅不会助推企业发展，反而会揠苗助长。学习，一定要站在理性和客观的角度，也一定要深入骨髓，不能停留在表面。

深度思考：到底该向西贝学什么

在西贝成为中国知名的餐饮连锁品牌之后，其他企业开始了学习西贝的热潮，不过很多企业走了弯路，只是学到了一些技术层面的东西，比如西贝如何为老年人和儿童提供周到的服务，西贝如何在顾客用餐之后主动询问并针对特殊情况进行免单，等等。这些是西贝优质服务的特征，但如果其他企业不具有催生这种服务的原动力，即使全盘学习也只能学到皮毛，无法变成下一个西贝，因为你能学到这些表面的东西，别人也能学到，并不能建立差异化的竞争优势。

西贝的服务细节不值得倾尽全力去学习，那么西贝的制度是值得学习的吗？表面上看，西贝的工资制度、培训制度和晋升制度等造就了一大批优秀的员工，但这也并非西贝成功的关键，因为制度的推行取决于两个因素，一个是有执行力的人，另一个是有确立并维系这种制度的智慧。前者是保障，后者是根源。倘若一个企业只知道模仿西贝的制度，却不懂得如何生成和维护，那么用不了多久这种制度的优越性就会败给现实。

服务和制度，学习起来并不难，难就难在如何对参与其中的人进行管理，否则再人性化的服务也会变成一纸空谈，再优越的制度也会名存实亡。从基层员工的角度看，他们需要在企业的引导和约束下与企业产生强大的黏性，这样才能保证他们心无旁骛地执行企业推行的各项制度；同理，中高层的管理者也需要有效地帮助和督促员工，如果只是把自己定位成高高在上的领导者，不去以身作则地带动员工，那么只能引起员工和管理层的对立。

综上所述，企业学习西贝时要从诞生“服务”和“制度”的根本出发。这才是西贝成功的秘诀，而它的核心就是西贝的管理智慧。有了符合人性需求的管理总则，员工才能主动地为顾客提供最优质的服务；有了科学合理的管理框架，一切制度才能得以顺利推行。

管理智慧：如何把普通人变成精英

中国的很多企业都是劳动密集型的中小企业，存在着员工工作时间长、劳动强度大以及薪资待遇低等情况。所以，西贝的管理智慧有一个重要的出发点：基层员工如此辛苦，应该多理解和关爱他们，每个管理者都应该抱着去感动员工的态度，这就形成了西贝的主要精神品质。

第一，解放大脑。

“西贝的产品是西贝的人”，这是西贝一直坚持的经营策略。只有把人才当成西贝的生意基石，才有可能构建优越的制度和优秀的服务，但是这样做的同时会给员工带来压力，压抑他们的天性，因为这些五花八门的要求大多是通过员工的双手去实现的，并没有顾及他们的大脑，而大脑才是人类产生创造力的根本。

贾国龙在一次讨论西贝人才战略的会议上，通过设计师画出了一张西贝人才生态系统图，将员工比喻成种子，而成长后的员工是一朵花。当然，每个员工的成长期不同，有的成长得快一些，有的慢一些，但是最终都能绽放。这种对员工的无限期待和信任，并非对员工的洗脑，而是从家人的视角希望自己的亲人有所成就，在爱的关怀之下，往往更容易激发出人们的潜在能量。

第二，下放权力。

当员工的大脑被解放以后，就必须给予它工作的空间，不能只是机械地完成上级下达的命令。西贝祥云店就是最好的案例。为了优化顾客对外卖服务的体验，一些事情祥云店的员工不需要提前申请就能自主决定，比如是否可以赠送给老顾客一盒酸奶，是否可以给小朋友赠送一个气球等等，还有的外卖员会非常贴心地在下雨天给顾客手写一张暖心卡片或者赠送一碗暖胃的小米粥。即便偶尔遇到顾客的差评，外卖员也不会极力向顾客申辩或者跟店长解释，而是直接进行处理，比如给顾客退款或者补送东西，确保顾客消除对西贝的负面评价。

如今一些企业的管理者，往往喜欢事无巨细、事必躬亲，因为他们觉得这代表着自己非常勤奋，是和员工一起战斗的好老板，但其实这并非最科学的管理方式。事实上，在不影响企业整体利益的前提下，下放一定的决策权给员工，可以增强员工的责任心和价值感，而从为顾客服务的角度看，这能够帮助他们在第一时间解决问题。

当然，有人担心西贝的放权会造成一些人滥用职权，事实上西贝的管理层都是从基层做起的，员工和管理层都知道自己的决定会影响到哪个服务环节、和哪个岗位产生瓜葛，所以绝对不会胡乱使用，因为最终波及的可能是自己。同时，西贝强调对员工进行自律教育，他们在和睦的氛围中一起工作和成长，自然没人会滥用权力损害他人的利益，因为他们知道上面放权给自己是一种莫大的信任。

第三，提倡公平。

员工们聚在一起工作，需要公平的环境。员工们追求的不仅仅是物质待遇，还要在精神层面感到平等。西贝的高管几乎都是基层出身，空降的多是一些技术人员，所以没有谁觉得这里存在特权或者裙带关系，出身基层的高管是员工们向上奋斗的榜样和动力。

第四，不拘一格。

在西贝，学历和工龄不是选拔员工的必要条件，因为人最宝贵的是创造力，这才是西贝选拔人才时看重的关键指标。这样的晋升标准为很多出身社会底层的员工打开了一扇门，让他们不甘心只用双手去换取收入，更愿意投入自己的脑力，真正参与到西贝的日常运营工作中。西贝的很多骨干虽然学历不高，但是他们身上表现出的自信是很多985、211院校的毕业生都不具备的。

第五，重视专业。

西贝的用人原则是“专业的人做专业的事”。这句话听起来似乎没什么含金量，但其实很多企业做不到这一点，经常会出现“外行指挥内行”的情况。这对于掌握专业技能的员工而言是致命的打击，会损害他们的工作积极性。所以在西贝的基层组织中，无论是店长还是服务员，每个人都不放弃学习，尤其是有针对性地完善自身岗位所需要的专业技能，确保“干一行，专一行”。这种工作方法并没有什么创新性，但可贵之处在于能够长期坚持下来，这恰恰是一些企业所缺失的。

在员工解放了大脑以后，他们的潜能才会被真正激发出来，也就拥有了和管理者一样的商业思维。这样就会有上万名员工的大脑在为西贝服务，这样的企业的市场竞争力自然无人能及。另外，在公平的选拔人才的环境中，更容易为企业筛选出合格的人才，他们在经历成长和磨炼之后，最终变成了高层管理者的左膀右臂。

管理是一门实践的艺术。贾国龙虽然没读完大学，但是他懂得人心和人性，懂得如何将人的最大价值挖掘出来。正是因为秉持这种思路，西贝才有了完善的制度和细致的服务。西贝从来都不是在开发市场或者菜品，而是在开发员工的大脑。

第三章

走向全国的西贝品牌战略

◆ 西贝的数字化转型

菜品的滋味要现代化，烹饪的手段要现代化，同样企业的管理也要现代化。构建新型商业模式只是一个框架，它还需要从本质上产生突破，而最符合时代潮流的就是数字化转型，这也是西贝重要的发展战略之一。

最近几年，数字化转型从国外流传到国内，逐渐火爆起来。特别是对很多企业来说，因为中国的消费互联网已经领先全球，所以数字化转型是必由之路。数字化是指将任意连续变化的输入（如图画的线条或声音信号）转化为一串分离的单元，在计算机中用0和1表示，涵盖了计算、存储、传输以及交互等内容。传统的经营和管理模式都应该朝着这个方向发展，这就是数字化转型。

数字化：时代发展的必然趋势

作为国内一线的中餐连锁品牌，西贝历来将创新和变革作为适应市场的有力武器。贾国龙经常将“敢争第一”挂在嘴边，体现出了西贝不仅要成为中餐的王者，还有着带领行业共同前进的信心。在西贝的运营进入到

"消费升级"和"互联网+"的时代以后，数字化转型和信息化系统构建就成了西贝的重要任务。

对很多餐饮企业而言，数字化似乎比较遥远，因为餐饮不是高科技产业，也无法和互联网深度融合，所以它们进行的所谓数字化转型仅仅是线下发单页、线上做团购而已，从本质上讲，只是借用了数字化的一点皮毛。

餐饮业和其他行业的一个突出的不同点是：人们天天都要吃饭，每个顾客对餐厅来说都是要努力争取的对象，所以在客户管理方面要付出比其他行业更多的精力和资源，然而没有推行数字化转型的企业只知道通过线上线下的活动去捕获新客户，却忘了留住老客户。为什么会发生这种情况？归根结底还是数字化做得不够好，不能对新老客户进行清晰的画像。

效益提升秘诀：数字营销与数字会员系统

西贝在客户管理方面进行了怎样的数字化转型呢？

第一，新老会员的同步管理。

借助信息化手段，将纸质券变为数字会员系统，然后依靠信息化系统去维护会员活动的日常进行。这样一来，既能有效抓取新会员，又能有力地唤醒沉睡会员。具体的办法是：吸引新客户，通过在淡季推送低价值的满减券，如满150元减30元代金券，来吸引不低于两个新客户前来消费；唤醒沉睡的回头客，通过每60天推送高价值的满减券，如满200元减50元这样的大力度折扣券刺激他们到店消费；唤醒沉睡的活跃客，通过每个月推送无限制额度的代金券或菜品券来刺激他们。当然，这些优惠活动都有时限要求，要既能满足营销需求又能避开消费高峰时段。

第二，客户用餐效率的提升。

无论是留住新客户还是老客户，关键点还是要优化就餐体验，否则新客户就没有成为回头客的可能。在传统餐厅中，顾客无论是在点餐还是等候结账的时候都要消耗大量的时间，同样餐厅也要投入相应的时间成本，会迟滞一部分服务员的工作。为了解决这个老大难的问题，西贝在2017年大力推广消费者自助点餐的新模式，具体方法是：当顾客进入餐厅以后，可以坐在位置上扫码自助点餐和结账，如果有问题还可以和西贝会员库中的会员进行信息沟通，这就是著名的“美味不用等·秒付”解决方案。从这一年开始，这个创新大胆的解决方案作为新店开店的标配推广，提升了客户在餐桌上的点餐和支付体验。

第三，会员群体的扩大。

与扫码点餐相对应的是顾客可以同时成为会员，这是西贝推行“扫码即会员”政策的结果。西贝是如何推广的呢？其实在“美味不用等·秒付”于2016年12月刚上线的时候，能够熟练操作的顾客比例只有5%左右，普及速度并不理想，但是在推出“扫码即会员”政策后，很多顾客愿意摆脱“路人甲”的身份成为会员，这就增强了他们学习和使用的动力。

西贝在推广“美味不用等·秒付”之后的半年里，顾客用其支付的比例就已经超过了50%，而服务员在点单收银这个环节上效率提高了十多倍。显然，在西贝积累了大批的会员之后，就掌握了客户管理的基本信息，通过这些信息可以深入地了解客户，便于开展各种营销活动，这才是符合互联网时代特征的数字化转型。

第四，顾客的“线上化”。

虽然餐饮必须在线下才能完成体验，但这不妨碍对顾客进行线上化管理。西贝推出的小程序和外卖点餐App，全部都是一个账号走天下，避免了顾客使用时的麻烦，容易培养他们线上操作的习惯。这样既提升了运营效率，还能时刻掌握顾客的动态，以此为基础，可以帮助门店引流，用线上反哺线下，形成了良性的科学闭环。当然，这里有一个重要的操作过程，就是对顾客划分等级：一方面，根据会员的注册时间将其划分为引入期、成长期、成熟期、休眠期和流失期五个营销阶段；另一方面，根据顾客的消费频次来分辨新老客户，级别不同，采取的营销策略也不同，对新客户会通过储值活动、微信消费提醒等方法刺激他们消费，对老客户会在淡季赠送低价值的满减券，唤醒他们到店消费。

2018年，西贝将会员重新设定为三种：顾客、普通会员和VIP会员。顾客没有任何特权，普通会员享有积分兑换、生日券等特权，VIP会员则享有会员价、服务特权以及商城特权等多项特权。

数字化转型，成功地帮助西贝精准定位客户群体，提升了服务效率，而这些仅仅是整个转型过程中的一个方面。互联网、信息化和数字化变革能够给餐饮行业带来巨大的想象空间和变革空间，如何借助现代数字化技术推动客户管理、促进企业整体管理能力蜕变，是西贝正在探索的问题。

◆ 拥抱新零售变革

2016年10月的一天，马云在杭州的云栖大会上提到了“新零售”这个新名词：“未来的十年、二十年，没有电子商务这一说，只有新零售。”无独有偶，就在同一天，另一位互联网大佬雷军也提到了“新零售”。那么，这到底是机缘巧合还是时代使然？为什么“新零售”突然成了大佬们口中的流行词？

从定义上讲，新零售是企业以互联网为依托，依靠大数据和人工智能等先进技术手段，对商品的生产、流通与销售过程进行升级改造，重新整合业态结构和生态圈，并对线上服务、线下体验以及现代物流进行深度融合后形成的零售新模式。换个角度看，新零售是用互联网效率干零售，用互联网技术手段、方法论和人才来改善传统零售业，能帮助传统零售业提高效率、改善用户体验。

西贝的新零售之路：有困难也要上

如今，新零售已经布局线下，大量的无人超市、无人便利店以及各种果蔬生鲜平台都在扛起新零售的大旗，涌现了一批耳熟能详的名字：便利蜂、名创优品、盒马鲜生、火星兔子，等等。

新零售打破了线上和线下的隔阂，所以不仅互联网企业在做，传统的线下行业也纷纷跑步入场。最近几年，餐饮行业的新名词层出不穷，又是“互联网+餐饮”，又是餐饮新零售，显然都是被新零售带了节奏。那么，面对这一股新的浪潮，西贝是如何抉择的呢？

西贝从不惧怕变革，甚至会主动变革，也不会在线上和线下这个问题上站队，因为消费者在哪里西贝就去哪里。2017年，以大龙燚、小龙坎、井格为代表的四川火锅品牌火锅底料零售化日趋成熟并迎来爆发式增长，西贝不甘落后地加入。当年6月，西贝正式进入天猫入驻审批流程。

贾国龙认为，“西贝”本身就是一个潜力巨大的IP，加上自身的供应链优势，在天猫开店是既符合商业利益又能施展拳脚的选择。目前西贝莜面村天猫旗舰店的主打产品是羔羊前腿、羔羊肋排、羔羊后腿包肉三种生鲜，此外还有张爷爷手工空心挂面、沙枣玉米窝头等线下爆款单品。从产品结构上看，西贝确定了“单品做新零售”的路线。目前可以预测到，西贝未来的零售战略会分为两条路线：一条主推线下爆款单品，另一条推广供应链上游的生鲜产品。

虽然西贝加入新零售大军是符合时代发展的举动，但这个过程必然是曲折漫长的，因为这需要在各个业态之间进行平衡，要重新打磨一套体系以适应新的游戏规则。为何要主推单品，而不是构建内容丰富的产品集群？这是因为西贝在产品研发方面向来小心谨慎，任何一道新菜品的诞生都必须严格遵循完整的逻辑，所以进入新零售领域以后，要不要推出适合物流运输的成品、半成品，都需要重新规划。

尽管存在一定困难，但是西贝挺进新零售的决心已定。在2017年底，西贝正式布局餐饮零售化，成立了西贝甄选线上服务商城。西贝甄选是西贝对新零售的探索，它用西贝30多年的供应链打造经验和品牌背书，让厂家和消费者直连，在线售卖优质食材和高品质餐厨具，为西贝拓展了一个新的利润增长点。

拓展新的利润增长点的法宝：一靠品牌，二靠质量

2019年的“双十一”，西贝羊蝎子火锅在京东方便菜品类中销量第一，这个惊人的成绩让很多线上电商和线下商超都打算和西贝合作卖功夫菜。由此可见，“西贝”的IP含金量很高，这也成为西贝拥抱新零售的最强橄榄枝。

方便菜是除原始食材之外的便于线下运输的食品，也是新零售产品中的热门分类。对此，西贝既有可借鉴的经验，又具备研发的能力，所以它将是拓展新零售版图的变现利器。目前方便菜的同质化倾向越来越严重，代表着西北菜系的西贝自然就有了竞争优势，所以西贝才独辟蹊径，选择了羊蝎子火锅，这是打开新零售格局的重要一步。

西贝既有跟随时代的勇气，又有自创功夫菜的胆量。在看到功夫菜热销以后，西贝便陆续推出酸汤、燕麦粥、牛杂锅、速食莜面等产品，这样就对线下引以为豪的拳头产品进行了新零售的转化，而从这一刻开始，西贝在新零售市场上的障碍被一一破除，开始走向标准化、可复制的产品通路，彻底打破厨师和食客之间的隔阂。

除了在营销架构上做文章，西贝在新零售产品的人文关怀上也注入思考，比如功夫菜的产品设计就显得很有温度感，它的产品理念被设计成人人都能体会在家下厨和吃饭的乐趣，因此特地增大了汤的比例，食客不仅

能够大口吃肉还能大口喝汤，而汤是最能温暖人心的。

其实，西贝这个品牌本身就是流量入口，拓展用户、培养用户的新消费方式并不难，难就难在如何真正做到“新零售化”，而非生硬地把线下搬到线上。在这一点上，西贝并没有盲目依赖几十年积攒的口碑，还是从质量入手。比如羊蝎子火锅，西贝为了研发这道菜，使用了内部规格最高的厨师团队，先后投入了1吨羊蝎子，进行了上百锅的调试，才最终成功。这样用心良苦的产品，无论在线上还是线下，都有强大的市场生存能力。

有流量入口，有竞争力强的产品，让西贝新零售化的成功多了几分保障。其实，在电商领域西贝的优势并非线上流量的捕获，还是要依托线下门店的流量。当然，随着西贝甄选逐渐走向成熟，西贝在线上也将积累更好的口碑、更丰富的经验，会更加自信地投身新零售变革。

◆ 打造智慧供应链

与时俱进不仅是一个国家应该具备的战略观，也是一个企业应该具备的发展观。西贝在向新零售市场迈进的时候，没有忘记跟随时代的变革，同步打造了智慧供应链体系。

智慧供应链是充分利用物联网技术和现代供应链管理，在企业中和企业间构建的，为完成供应链的智能化、自动化和网络化而形成的一个综合技术和管理的大系统。

打造智慧供应链，是西贝在数字化转型中的一个重要分支任务，因为传统的供应链体系无论是在移动化还是可视化方面都不尽如人意，无法满足互联网时代的需求。

智慧供应链：数字化时代的增效利器

2018年4月，西贝关闭了线下IDC机房，把所有的重要业务系统都移植到阿里云上，为智慧供应链的打造奠定了模块基础。阿里云具有弹性强、安全度高和稳定性好等优势，即使在用餐高峰时段也能保持良好的运算能力，这就打通了供应链系统的“任督二脉”。

西贝接入阿里云以后，很快就在国内第一个基于阿里云的基础平台上自主研发了针对餐饮行业的智慧供应链系统。其实，西贝走上智慧化的道路可以追溯到2017年8月，当时西贝审时度势，开始思考如何打造一套适合中餐领域的智慧供应链系统。但是，和传统供应链说再见，是一个需要经历阵痛和适应的艰难过程。

为了获得良好的技术支持，西贝和磁云科技成立了新的合资公司——磁云智贝，一起研发带有新时代互联网特色的供应链系统。经过一段时间的开发和使用，智慧供应链系统终于在2019年5月正式上线，全面替代了由美国开发的JDE系统。

西贝的智慧供应链系统包括了从食材采购到中央工厂再到分仓配送等多个环节，彻底实现了整条线路上的智能化和数字化，门店的加工效率得到了大幅度的提升。

有了磁云智贝的技术支持，西贝的数字化转型进程加快，与移动互联网时代嵌合得更加紧密了。

揭秘：供应链进化的后台过程

JDE系统从技术上讲也是符合信息时代要求的，但是存在着数据误差以及不同步等多种情况，致使西贝的数据库中出现了信息孤岛，反映到实操中就是：供货商A已经囤积了食材，价格便宜，而供货商B库存了更多同质量的食材，但因为这个信息没有被及时载入，就造成了采购成本的增加。

在大数据时代，每时每刻都要更新信息，只有让信息“活”起来，它才具有现实意义，否则还不如按照既有经验做选择。西贝在处理自身的大数据时，没有盲目参考其他领域，而是以自身的结构为样板，建立了有特色的智慧餐饮路径。在这条路径上，分布着三个重要点位。

第一个点位是顾客。

顾客想要吃什么，西贝就应该供应什么，这种信息很难依靠人力来获得，必须依据特定时间段内各个门店以及线上商城收集的数据来获得，这样才更准确。而如何满足顾客的需求，是智慧化的顾客管理要解决的问题。

第二个点位是智慧供应链。

知道顾客的需求后，在最短的时间内把食材、半成品或者方便菜等产品输送给顾客，考验着供应链的流畅程度，也是顾客管理落地的关键步骤。智能化程度越高，提供的解决方案就越有可操作性。

第三个点位是管理可视化。

当供应链输送给顾客需要的产品后，这条餐饮路径还没有彻底走完，还要做售后反馈、经营复盘以及新策略的制订等多种收尾工作，这就需要大量真实可信的数据，智慧分析就是操作工具。

血脉通畅：围绕供应链打造集成系统

智慧供应链不同于传统供应链，所以整个链条都需要进行调整，调整后的流程是：门店报货、生成订单、仓储配送、物资采购、工厂加工、供应商发货。这个链条并非单一走向的，它在每个环节上都是多任务协同的，会对上个环节的信息进行反馈，从而解决缺货、退货等常见问题，这样才能形成信息一体化的闭环。

值得一提的是，西贝为了维护顾客的体验感，增加了动态库存的智能补货功能，让厨师长和店长建立并操作动态安全库存，能够有效区分节假日、标准日等不同时段的补货方式和数量，避免供应链堵塞。

链条畅通了，接口也必须同步扩大，这样才能保证信息和物资的高效传输。目前，西贝已经全渠道接入了门店、天猫、京东、微商城、小程序以及App的订单，可以实时分析订单并快速执行，在这个过程中还会进行监控，确保顾客的需求被完整呈现。

除了入口和路径，西贝在辅助系统上也下了功夫，比如建立了能够驱动订单执行和反馈的底层系统，打造了可以进行内部多组织联动立账的财务系统等等，真正实现了精细化管理和立体化运营。

数字化转型不仅能提升企业的运营效率，还能优化客户的体验，促进行业内外流通效率的提升。智慧供应链系统就是一条高速公路，能够把相关理念、物资、劳动成果等元素高效率地传输出去，从这个意义上看，智慧供应链实现了价值的再创造。对于西贝而言，成功进行数字化转型后，品牌的含金量进一步提高了。

◆ 餐饮界的“黑马”赢在哪里

作为餐饮界的黑马，西贝成功的商业模式是值得同行学习的，很多人都想知道这个源自内蒙古的品牌是如何从街边小吃部变成全国连锁企业的。从人的层面来看，西贝人不懈努力的奋斗精神以及贾国龙作为领航者的高瞻远瞩，这些很难复制，因为每个人都是独特的，那么有没有哪些成功元素是可以复制的呢？

贾国龙曾经在一次活动中，向在场的100多名餐饮企业家讲了自己对餐饮企业的理解。他认为必须从做生意向做品牌方向转变，每一个餐饮企业家要从做业务变成做人力，要掌握组织能力，最后贾国龙提到了他的梦想是要在2025年实现200亿元的营业额。

敢于提出这样的目标，前提是西贝已经具备了良好的群众基础，其来自西贝强大的会员体系。

分享经济：会员裂变产生无限商机

主推会员制度，是对分享经济的活学活用。会员融入西贝的会员管理系统之后，让他们自行发生裂变，采用类似股东分红的策略，让会员获得特殊的优惠待遇，从而拉动其他顾客进入这个体系。

西贝的会员体系搭建和品牌战略发展是相辅相成的，这样才能让会员体系的价值最大化。那么，一年299元的西贝VIP会员到底是如何推销给顾客的呢？西贝主要采取了四种比较直观的方式引导大家成为付费会员：门店服务员推荐、菜品会员价、VIP商城体验券以及小票推销。其中小票推销是最有效率的营销方式。当顾客消费完之后，能够看到打印的小票上多了一栏会员减免额，可以直观地得知成为会员能够省下多少钱。这样一来，对于大桌聚餐的顾客来说，不到300元的会员费简直太值了，这种推销方式比其他手段更能刺激到消费者。

那么，当顾客成为付费会员之后，体验感如何呢？西贝通过奉送小惊喜来增加会员的价值感，最常用的办法就是为会员提供餐前小吃，而这个是非会员无法享受到的。想想看，在西贝的门店里，你和邻桌都在等菜，你是会员，赠送了小吃，邻桌投来了“羡慕嫉妒恨”的眼神，这种对付费会员的优待和尊重能不让人动心吗？

299元的付费会员门槛，是西贝一个科学化的设计。价格既不是白菜价，也不是所有人都能消费得起，可以筛选掉忠诚度不高的消费者，清晰地确定自己的铁杆粉丝人群，可谓一举多得。相反，如果为了求量而设置了99元的门槛，会员的总数是提升了，但这里面一定会掺杂很多忠诚度不高的顾客，就会在客户管理中产生资源浪费。实际上，付费会员在精而不在多，10个黏着度不高的顾客很可能抵不上一个天天带着朋友来西贝聚餐的顾客，把有限的精力投入到高价值的客户身上，通过深耕变现，远比吃流量红利更符合当前餐饮业的发展趋势。

筛选出高价值客户并确保他们享受到独特的会员权益，这是打造分享经济的第一步，第二步就是如何让客户自身裂变。在这个环节上，西贝采用增加趣味性和话题性进行独特的会员营销，把营销活动变得既有个性又新奇好玩，激发顾客情感上的共鸣。最典型的就是西贝举办的一年一度的“亲嘴打折节”，通过在情人节这个特殊的节日制造节日话题和营销热点，第一届“亲嘴打折节”成功登上了新浪微博热搜。这种针对年轻人的营销活动，不仅能留住老客户，还会激发新客户成为付费会员的意愿，付费会员在朋友圈中也会进行二次传播，吸引一批潜在VIP会员加入，达到裂变的效果。

会员维护手段：线上线下两开花

吸纳顾客成为不同等级的会员，这仅仅是会员管理的第一步，接下来更重要的工作是如何维护这些会员，这是会员营销的灵魂。对此，西贝推出了“线上+线下”双重利益维护的策略。

在线上，西贝给予会员特价外卖这个优惠权，对于习惯点外卖的现代网络消费者来说很有诱惑力。虽然优惠力度有限，但是西贝的品牌价值会令其成为会员点餐时的首选，能够在一定程度上带动线上消费份额的增长。为了增加会员在线上与西贝的黏合度，西贝推出了商城代金券、甄选商品会员以及VIP福利日等促销手段，让会员在第一次消费之后就欲罢不能，养成线上消费习惯。

在线下，西贝更是重拳出击，毕竟门店消费是主力，为此西贝推出了菜品会员价和消费者积分两大方式，给予会员较大的优惠力度，此外还通过赠送菜品券以及生日享好礼等方式增加会员到店的频次。

由于看重年轻人的消费潜力，西贝在每次菜品上新时都会重点推荐给

VIP客户，让那些愿意尝鲜、喜欢接受新生事物的年轻客户们大胆尝试。为了给予他们足够的尊重，西贝还会在消费之后让他们填写调查问卷，创造一种“顾客就是美食家”的尊重感，会员营销和会员维护同步进行。

如今，VIP会员已经成为西贝立足市场的关键，也成为其餐饮品牌营销内容的重要组成部分。进入新零售时代后，餐饮企业只有依靠VIP会员才能真正打破线上和线下的障碍，用沉淀客户的方式拓展市场。这种精耕细作需要付出足够的努力和耐心，而西贝正在把这条路走得越来越宽。

◆ 西贝的执着

企业要想发展壮大，需要具有专注精神。只有采用聚焦战略，企业才能将有限的资源凝聚起来，形成一种强大的向心力，发展中的企业更是如此。不过，现在一些企业因为定力不足，加上被外界诱惑、被市场误导，不自觉地形成了多元化的战略，看起来市场生存能力很强，其实稍有不慎就会走上不归路。

在专注这个问题上，西贝从来都是走在最前列，甚至将专注变成了执着。

眼里只有你：餐饮就是西贝的命根

极致的顾客体验，从动力上讲，就是将专注精神汇聚到一点后形成的。西贝曾经有过花卷、馒头这些并不代表西贝特色的主食，本来是为了丰富食谱，但是它们的存在弱化了西贝主打的杂粮的地位，后来就果断地砍掉了。

经营细节如此，经营战略同样如此。创业至今，西贝总是将盈余的资金投入到自身的发展建设中，不会像有些企业跨界经营，什么赚钱做什么，什么来钱快就转行做什么。在西贝，浪费有限的财力资源和人力资源是可耻的。

当年房地产火热的时候，很多企业忍不住暴利的诱惑欣然跨界，但是贾国龙没有动心。2015年11月17日，在阿里口碑餐饮生态峰会上，口碑CEO范驰宣称将引入海底捞、西贝、外婆家三家餐饮巨头入股。然而一个月以后，贾国龙忽然宣布放弃了投资，理由是投马云不如投自己。显然，贾国龙的弃投并不是不给阿里面子，而是想要把宝贵的精力专注在餐饮这个主业上。

2018年被认为是资本市场的寒冬，很多人都在发问：这一年靠什么养活自己？资本的寒冬意味着全行业都在遭受冷遇，然而在寒冬中出现了春意盎然的景象：西贝在2018年新开门店110家，增长率超过50%；营收突破了56亿元，增长率超过30%。这样"不和谐"的事件背后，到底隐藏着哪些真相呢？答案就是，专注让西贝挺过了寒冬并迎来了暖春。

2018年，国内餐饮行业普遍面临着严峻的挑战，资金流和客流都不尽如人意，但是对西贝来说这些似乎不是问题，因为大众餐饮无论在哪个时代都是刚需。人们表面上看到的是寒冬，其实本质上还是"热战"。有的企业被互联网巨头布局的餐饮夹击，有的企业被房地产寡头的转型冲击，但这一切都不过是外在因素，当你的竞争力足够强大的时候，外来的搅局者是无法撼动你的地位的。

初心不改：守住西贝的"道"，描绘西贝的蓝图

身处2018年的斗争旋涡，西贝并没有被多方势力的角逐吓倒，反而继续执着于做好餐饮业的初心，其核心就是满足消费者的各种要求。

第一，继续推进“好吃战略”。

做好吃的饭菜，这不是餐业企业的商业目标，而是历史和社会使命，只有心系大众对饮食的需求，才能真正把自己的品牌打造成消费者心中的No.1。为此，西贝继续围绕“随时随地为顾客提供一顿好饭”的价值主张，不管外面新开了多少餐馆、餐馆增加了多少菜品，都不会做意气之争，专注于做好自己的西北菜品，从而持续深入地打造闭环的价值创造体系，依靠差异化的竞争力，用美食留住消费者。

第二，以恒定的底层逻辑稳住阵脚。

很多企业在市场环境恶化时，并不是因为缺少核心战略而落败，而是因为缺失逻辑思维，无法将战略和战术相结合，无法将目标和现实相结合，自然就丧失了在动荡中瞄准方向的定力。那么，西贝的底层逻辑是什么呢？是守住自己的“道”。老子说过“道生一，一生二，二生三，三生万物”，虽然这个“道”是虚的，却可以通过它具体化，最典型的就是西贝的蓝图。

西贝的蓝图包含了什么呢？西贝使命——创造喜悦人生；西贝愿景——全球每一个城市每一条街都开有西贝，随时随地为顾客提供一顿好饭；西贝承诺——发展企业，成就团队，幸福顾客，回报股东，共赢合作者，保护环境，造福社会……这些关乎企业管理和经营的根本问题，就是西贝在实践中的道。有了道，心中就不慌，就能以不变应万变，不会盲目地模仿他人，更不会轻易放弃理想。

第三，对未来有清晰的预判。

为何有些企业一遇寒潮就会缴械投降？一方面是因为自身抗风险能力不足，另一方面是因为缺乏对未来的准确判断。如果有人告诉你，再坚持一个月就会迎来转机，相信大部分人为了等候黎明的到来也能咬牙坚持下来，然而事实上很多企业不具备这种预判能力。对于西贝，准确地判断市场风向是经营的必修课，虽然深陷2018年的经济下行，但西贝认识到这不过是一段下坡路，未来等待餐饮业的是市场的回暖和顾客消费欲望、消费信心的复苏。基于这种认识，西贝延续了从2015年就开始开发的五代店（中式快餐）的推广，最终创造出五代店超级肉夹馍小店模式，它不仅成为餐饮行业的新宠，还具备了对抗2018年寒冬的灵活生存能力。

贾国龙在2019年新年贺词中提到，2018年，西贝堂食接待客流超过5000万人次，丝毫没有被当年的寒冬影响，更加可喜的是，外卖订单量超过1100万单，全年外卖营收突破8亿元。这一连串数字宣告了西贝不仅打赢了2018年的防守反击战，还在市场大潮突变中坚守了自己的底线，成为餐饮界的楷模。

也许在外人看来，西贝的这种执着透出一种源自大西北的“死脑筋”，可就是有了这种看似不灵活的经营思维，才让西贝脱胎于黄土坡风味小吃店，发展成为拥有多个子品牌的全国连锁企业。而且，贾国龙身上特有的那种执着，在不断感染着一批又一批的西贝人，让他们懂得关注眼前，专注当下，与西贝共进退。

第四章

重在管理的经营之道

◆ 成功源于好的商业模式

很多企业都会探索“好的商业模式”，但真相是世界上没有好的商业模式，只有适合自己的商业模式。一家企业或者一个品牌要想凭借商业模式在市场上立足，首先要结合自身的属性和特点进行思考。这既是经营之路的起点，又是商业模式创造奇迹的爆点。

快餐当道：社会化的必然选择

西贝从临河的小店发展为营业额几十亿元的全国餐饮连锁企业，它的商业模式一定是成功的，其中最重要的原因就是西贝找到了适合自己的商业模式。有人认为，西贝成功的原因是选择了中国消费者喜闻乐见的中餐，延续了华夏美食的优势。其实不然，无论是中餐还是西餐，一旦选错了模式，都可能走进死亡地带。关键点不是血统，而是属性，即是“正餐”还是“快餐”。

对西贝来说，如果选择做正餐，也许在排面上显得“高大上”，但很难获得高速度的发展，因为它触及的人群十分有限，只有做快餐，才能找到一条直达行业头牌的快速通道。当然，这也是符合社会化的重要抉择。

随着生活节奏的加快，人们很少将大量的时间用在正餐上。快餐作为不受时间和空间限制的餐饮形式，尤其能够满足当下年轻人对时尚简约元素的追求。所谓的社会化进程，在中国具体体现为城市化的发展进程：上班族越发忙碌，亲友之间疏于联络，好容易见一面，吃一顿消费不高的快餐是最佳选择。与社会化同步的是简单化，一份菜单上不需要有成百上千种菜品，因为人们常吃的不过就是十几种，这是普遍规律，越简单就越不容易出错，也越容易得到顾客的包容。贸然创新，反而可能吃力不讨好，会影响顾客对品牌的好感度。因此，西贝一直坚持做"基本款"的菜品，容易打动顾客，也容易在全国不同的地域推广，才有了今天的发展速度和规模。

六大管理：西贝模式源于实战，应用于实战

西贝以快餐为出发点，下一步才是真正建立起与之相适应的商业模式。

第一，人才精细化管理。

既然选择了连锁门店的形式，就要扬长避短，才能将其顺利复制到全国。门店具有劳动密集型的特点，所以在扩张时会遇到天花板，遇到人员开支庞大和财务管理难度增加等问题，这些都不利于品牌发展。因此，西贝以门店为基本平台，强化对人力资源的精细化管理，通过系统工程打造职业厨师队伍，任用厨师当店长，不断吸引行业内的优秀人才，在内部优胜劣汰，同时加强对新员工的全流程培训，不追求人力资源的数量优势，而建立质量优势。

第二，客户服务的精确化、人文化管理。

白领工薪阶层以及中高收入人群，是西贝的主要目标客户群体，为此

西贝设计了时尚洋气的Logo，开发了简约精练的菜品，打造了富有现代感的就餐环境，这些元素牢牢抓住了目标客户群体，让他们成为西贝的“死忠粉”。同时在客户关系管理上，西贝注重对客户的关怀，让每个来西贝用餐的人都像是来到了正宗的大西北农家，享受到浓郁的地方特色。除了温暖和美味，西贝追求的全新服务模式，能够面对客户的信息反馈时快速做出反馈，精准友好地与客户沟通，一切以客户为中心，让主厨亲自上菜并与客户交流，这既满足了工薪阶层和中高收入阶层自我价值感的需求，又建立了差异化的服务优势。

第三，品牌价值的特色化管理。

价值主张是近年来很多企业做品牌规划时都会提及的内容，其实对餐饮业同样适用。西贝的价值主张是崇尚营养、美味和健康，给食客们提供加工简单、用料实惠、制作淳朴的菜品，而且大力推广五谷杂粮和山菌野味，成为西北菜系的代表。这样当消费者选择一类美味时，西贝就会成为代表，品牌特色突出。

第四，核心资源的优势化管理。

核心资源代表着核心竞争力，西贝专业的厨师队伍是核心的人力资源。除此之外，标准化的中央厨房经过西贝独特的改造，形成了设备优势。而凭借在外的美誉，西贝搭建了能够和世界级美食大师和美食爱好者交流的平台，这些构成了西贝的人脉资源，能够帮助它始终领先，处于行业前端。

第五，企业的高质效运营管理。

运营管理的关键是效率，所以经营者必须从为自身节约资源的角度出发，缩短运营流程。为此，西贝在菜单上不断精简，在采购方面优化物料和菜品的库存管理，有意识地引导顾客消费，变被动为主动，提升全流程的运转速度。

第六，可持续的品牌管理。

打造西北菜的标杆是一件需要持续运作的事情。为了把准消费者的脉搏，西贝不会盲目推出新菜品，而是通过顾客试吃、菜品试售的方式，以市场为准绳决定是否要推出，确保消费者对西贝品牌的认可始终如一，从而建立起全员自信的营销策略，不断积累良好的口碑和品牌形象。

目前，中国餐饮业已经进入品牌发展阶段，成功的商业模式是助推企业走好这一段路的关键。西北菜系和川菜、粤菜等菜系相比，特色并不突出，缺乏代表性的品牌，因此西贝就找到了这个市场空缺，同时肩负起传承西北菜系的责任。当然，商业模式不会一成不变，西贝在未来的市场探索中必然还会不断完善，形成可持续的盈利态势，打造西贝式餐饮新思维。

◆ 西贝成功的经营经验

两次启动创新赔掉5000万元，给员工发奖励一年超过7000万元，仅仅是在企业培训上一年就要耗费1亿元……这并不是什么高科技企业，这是一个餐饮连锁企业，它就是西贝。

但凡创业者，都希望从别人身上学到创业的经验，从而打造属于自己的商业帝国。西贝从小吃部发展到今天，有人眼红它的业绩，有人眼红它的口碑，当然还有很多人眼馋它的经营经验。

复制成功：西贝的经验到底有多火

很多研究企业经营管理的人都十分好奇，西贝这家发展了32年的餐饮企业的经验是否可以复制呢？按照一般法则，一家成功的企业离不开一个出色的企业家，显然贾国龙当之无愧，那么在企业家之外，是否还有我们可以借鉴的成功要素呢？

答案当然是肯定的。前几年，西贝的“四个一分钟”就在业内引发了震动，不少同行纷纷学习这个技巧。所谓“四个一分钟”，揭示的其实是前厅服务的标准化，即撤餐响应一分钟、恢复台面一分钟、带客入座一分钟、传菜一分钟。

为什么大家要学习“四个一分钟”呢？因为这是一种能够有效缩短顾客等餐时间的办法，对于生意红火的餐饮品牌尤为重要。有意思的是，当外界纷纷研究西贝的成功经验时，西贝竟然主动地向大家介绍了它的成功经验。

2018年4月3日，在呼和浩特的内蒙古饭店，召开了主题为“西贝，内蒙古的骄傲——西贝成长30年经验分享”的企业家座谈会，贾国龙向来自内蒙古自治区约50家企业的150余人分享了创业经历和成功经验。因为西贝是从内蒙古走出的，又成为代表内蒙古饮食文化的金字招牌，所以不少人都想了解西贝的成功法则。

六条箴言：助推西贝从平凡走向卓越

第一，梦想做大，品牌做强。

对很多创业者来说，选择餐饮业是因为准入门槛比较低，一对夫妻就能经营一个店，这对人数较少的创业团队来说是一个小梦想。但是要想做大做强，创业者就要有更大的格局和更高的目标，要有把夫妻店变成连锁店的野心和勇气。如果贾国龙只满足于临河街边的小店，就不会有西贝的今天。其实很多创业者能力并不差，但因为不敢做梦，更不敢去圆梦，导致多年来只徘徊在最初的水平上。

把梦想做大以后，接下来要给这个梦想设置一个主题，也就是你要塑造什么品牌。这个品牌是你梦想的纲领，没有纲领会让你四处乱撞，迷失方向。当然，给品牌设计内容是一项专业性很强的工作，所以现在出现了很多品牌策划机构，它们可以针对初创企业在不同阶段的状况为它们制订相应的品牌战略，通过战略来选择战术，帮助创业者一步步实现梦想。

经过一段时间的探索，贾国龙将西北菜这个原本并不存在的名词变成了西贝的代名词。这不是搞噱头，而是通过一个明确的概念让市场和消费者能够最快地接受，而这就是品牌定位。它不仅决定了消费者是否会选择它，也影响着每一个西贝人站在“西北菜”的视角去经营和管理，让梦想有落脚之地。

第二，聚焦产品，制定标准。

餐饮工作虽然听起来和技术关联不大，但其实这是一项相当耗费“技能点”的工作，毕竟祖宗传下来的菜品就那么多，推陈出新确实存在难度，但如果故步自封，必然会在市场竞争中落败。所以，贾国龙作为创始人亲自参与到产品研发的工作中，就是为了及时把关，避免出错。当然，研发的过程是漫长和艰辛的，但不经历这个过程势必要被对手阻击。为此，西贝先后搭进去几千万元的研发费用，贾国龙无怨无悔，因为这是做餐饮的必由之路。

在研发新品的同时，西贝也顺应潮流，努力做好中餐的标准化并成为领跑者。为了统一全国连锁店的菜品味道，西贝大胆地通过统一的中央厨房和烹饪设备实现全国口味统一的目标，为此投入了大笔的培训经费，因为标准化需要一群能保持标准、执行标准的人。与此同时，西贝还对菜品的总量进行合理的控制，通过做减法的方式让菜品标准化更容易执行。

第三，敢于承诺，只做精品。

民以食为天。如果只是把餐饮定位为吃饱喝足，那么很多街边小吃都能“完爆”品牌餐饮店，但这只是对“吃”最基本的要求，如果想要吃好，享受美食文化，那就必须做出精品来。一般来说，餐饮分为大众餐饮和品质餐饮两大类别，各有各的好处。西贝选择的是做品质餐饮，因为它制订的是“好吃战略”，相当于给了消费者最美的承诺，而好吃的代价就是提供给消费者最优质的食材。比如，西贝建立了杜蒙羊养殖基地，杜蒙羊是由产自南非的国际上钻石级食用羊黑头杜泊羊和内蒙古优质羊杂交而成的，科学养殖，肉质可口，营养丰富，是“神舟十号”三位宇航员的早餐羊肉。用这种顶级食材做出来的菜品，自然无愧于对顾客的承诺。

第四，善待员工，培养精英。

西贝一直舍得给予员工高待遇。员工是企业的组成部分，身处和消费者接触的一线，员工的待遇不好，就很难有良好的心态，所以西贝在人力资源投入上一直舍得花钱。2017年西贝给员工分红7000万元，到了2018年又分红1.2亿元。除此之外，西贝还加强了对员工的培训，有组织地让员工接受培训，动辄投入上亿元，而且每一年的花费都几乎比上一年高，这是因为西贝懂得：只有经过培训的员工才有成长为精英的可能，而精英对西贝的贡献最终会超过培训的投资。

第五，做小品类，做大机会。

餐饮行业是自由的，你可以做满汉全席，也可以做鸡蛋灌饼，虽然有大小之分，却没有高低之别。如今，随着中餐一人食模式的发展，“小而美”正在成为进化的新方向，虽然西贝目前的菜品结构不太适合一人食模式，但西贝已经在尝试研发这种模式，比如已经参考了在内蒙古卖得很好的烧卖，这一类食物便于一人食用，打包简单，也许西贝在未来会以此为模板开创新思路。

第六，不断创新，紧跟时代。

对于企业来说，创新是其必然要履行的职责，也是永恒不变的课题，创新的受众又是年轻人，所以创新需要紧跟时代，不能抱残守缺。比如，现在年轻人都喜欢喝奶茶，蒙古奶茶却不怎么受他们喜欢，原因之一就是缺乏时尚感和创新度，无法体现出年轻人的生活主张和消费理念。相比之下，西贝没有照搬西北风味的菜品，推出了“一头牛吃9部位”的牛大骨，赋予老产品以新特性，好吃又好玩，吸引了很多年轻人尝新。

虽然贾国龙分享了西贝的成功经验，但这些经验不可能通过机械地复制就能转化为成功的保障，还需要吸收西贝32年来历练的精神内力，而且，西贝目前还在发展壮大，经验可能会更新，因为时代永远在变，消费者的需求也在变，跟随时代的发展轨迹，把准顾客的需求脉搏，这才是促使西贝不断推陈出新的动力和原则。其他企业与其从西贝的经验学起，不如从西贝人的内心世界出发，这样才能更全面、更深入地了解他们是如何抓住每个商机、每位顾客的，才能了解他们每一次自我进化的真相。

第五章

西贝的用人之道

◆ 西贝的员工在锤炼中收获感动

不经历风雨，怎么见彩虹？这句话对很多奋战在一线的员工来说是最好的座右铭，尤其是对餐饮这种每天都要大量接触顾客的行业而言，每个人都值得尊重。不过，员工经历的修炼过程不同，有的经历的是新手模式，有的经历的是标准模式，有的经历的是地狱模式。

地狱模式：西贝员工为什么还能笑出来

西贝的员工经历的就是千锤百炼的地狱模式，他们不仅要做好本职工作，还要像管理者那样思考，因为他们既是西贝的打工者，又是西贝的接班人。忙碌了一天的西贝人，即使不需要面对顾客，也能面带微笑，以愉悦的心情与他人沟通。这一方面是因为他们适应了这种高强度的工作，另一方面是因为他们自带激情，越是节奏快的工作，越能够唤醒他们的劳动和创造基因。

如果你认为一个人很难在这种操劳的状态下长期工作下去，那就错了。事实上，西贝的员工之所以能够经受千锤百炼的职业试炼，是因为西贝在给予他们考验的同时也给了他们最大的感动。只有让员工感受到了来自企业领导、同事的温暖，他们才能把这种温暖传递给顾客，简单地说就是一个管理者感动10位顾客的效果远不如感动5位员工，因为5位员工可能会感动50位顾客。因此，从员工在西贝工作的第一天开始，他们每天都被领导和同事感动着。有了这份感动，他们才能不断地努力工作，用自己的实际行动回馈领导的关怀和同事的关爱，从而获得更多的感动。

那么，西贝是通过什么具体手段去感动员工的呢？这可不是当面对员工说几句好话那么简单。

每个西贝人在入职的那段时间都能学到很多东西，他们能够从师父那里学到丰富的知识和经验，这些都是书本上学不来的，也不是一般的老员工愿意传授给别人的。师徒结对的这种形式，强化了师父对徒弟的责任感，可从侧面看出西贝对新员工的重视程度。当然，西贝和海底捞相比，师徒关系绑定得并不是很深，他们之间的关系更多地体现在利益分配上，比如师父能够获得徒弟以及徒弟的徒弟工资3%的提成，但如果徒弟进入了管理层，提成制度也就终止了，师父也没有义务再对徒弟负责。

在徒弟从师父那里学到知识和经验以后，他们会逐渐产生一种自我认同感。西贝在培训方面花了大笔资金，这说明其对新员工是非常重视的，所以每个员工都有底气认为自己是重金培养出来的正规军。这种自豪感会让他们与西贝这个品牌绑定得更深，因为是西贝给了他们备受重视的满足感。

感动员工：每个西贝人都有资格得到爱

西贝的管理层对待基层员工，很多时候不像是上级管束下级，更像是家长对待孩子一样，只不过这些“孩子”的年纪稍大一些。因此，西贝对员工的管理总方针是：让他们成为积极努力向上的正能量员工。

相比于西贝的这种管理策略，有些餐厅采取的策略就比较简单粗暴，甚至让人心寒：一旦遇到问题，就把责任全部推到员工身上，指责员工这里不行那里不好。然而这是非常可笑的结论，员工如果真的很差，也是企业自己招聘过来的。

西贝对员工更多的是爱与包容，因为管理层很清楚，只有让员工得到爱，才能把西贝看成温暖的家，看成学习知识的教室，这样他们才会产生学习的动力，在实践中摸索，在试错中完善自我，通过学习成就更好的自己。所以，在西贝经常能看到这样的场面：一个传菜员不小心打翻了一盘菜，经理最先关注的不是损失了多少钱，而是查看员工有没有受伤。

打翻菜盘，可能是纯粹的意外，也可能是员工自己不小心，西贝的管理层不会去深究，因为他们把员工当成自己的孩子，舍不得打骂，越是用严厉的方式去管教，越容易摧毁员工的自信心，最后让他们彻底丧失努力工作的动力，也会破坏和管理层之间的感情。

引导和教育员工，就像是家长管束子女一样。每个家长都希望孩子有个好成绩，但不能总是把关注点放在成绩上，而要首先让孩子信任你，让孩子认为你说的话有道理，这样孩子才能主动学习家长身上的好习惯，从而端正学习态度和生活态度。西贝也是如此，要想让员工成长为精英骨干，就要先去爱他，然后引导他自主学习和成长。即便员工遇到了难题，甚至可能和西贝的某些利益产生冲突，管理层首先考虑的也是员工自身的利益，而不是门店的利益，这就是将本来复杂的利益纠葛简单化。

在2020年疫情期间，不少西贝员工公开表示，希望在特殊时期降薪一半，与公司共渡难关。这可不仅仅是几个人有意唱高调，在这呼声出现之后，西贝总部员工也马上达成了延迟领取工资的共识。从这个角度看，西贝是一家充满人情味的企业，员工对西贝有情，前提是西贝善待员工。

奖励员工：把他们当成小朋友管

美国心理学家斯金纳说过一句话："不可预期的奖赏能够有效强化人的行为。"

人们在儿童时期，会因为做对了一件事而得到父母或者老师的奖励，这种奖励往往是和物质挂钩的，因为这样才能体现出奖励者的诚意，也容易让被奖励者加深印象。西贝借鉴了人类心理发展的这个特点，会通过看似比较幼稚的方法奖励员工，激发他们的工作热情，在企业内部培育良好的工作氛围和竞争氛围。

西贝在发奖金方面独具特色，这倒不是说奖金有多么丰厚，而是奖金总是发得让人很"惊喜"，通常是不固定的数目，也会以各种名目来发放，在西贝被称为"幼儿园逻辑"。

什么是"幼儿园逻辑"？回想一下幼儿园里的小朋友，他们只要吃饭吃干净了，就是"吃饭小标兵"；只要睡觉很乖，就是"睡觉小标兵"；如果喜欢唱歌，就是"唱歌小标兵"……老师总是以各种理由变着法地奖励他们，小朋友能不高兴吗？西贝充分借鉴了这种模式给员工发奖金，这显然比固定奖金的激励效果更好。

除了零散地对表现突出的员工进行奖励之外，西贝还沿用了赛场制的逻辑，在固定的大型比赛之外，临时增加一些小的比赛，通过让员工去争夺名次，激励他们努力干活。打个比方，门店这个月推出一道新菜品，那么负责点餐的团队就会来一次内部PK：谁第一个开单就奖励50块钱，第10个、第20个开单的也都有奖励。尽管奖金的数额并不多，但对年轻人来说充满了游戏乐趣，很容易调动大家的工作积极性。

通过给予员工不定期以及名目繁多的奖励，员工渐渐忘记了自己是在一家劳动强度高的餐饮企业工作，他们会时刻感受到家的温暖和快乐。这种正向的情绪会消化他们在工作中产生的压力和负面情绪，即使遇到困难和挫折，也会在上级和同事的关怀下重拾信心，再接再厉，而这一切都源于西贝带给员工的感动。

正是因为在感动中成长，西贝的员工越来越不畏惧困难，因为他们有着高出同行的自我认同感，也相信西贝这个大家庭和门店这个小家庭会帮助他们解决问题。打消了顾虑，他们就能心无旁骛地接受来自外部的挑战和考验，因为感动给了他们爱，感动给了他们力量。

◆ 西贝的领导真抓实干

火车跑得快，全靠车头带。西贝的员工经历了千锤百炼才成为活跃在一线的战士，同样，西贝的管理层也身处一线带着员工共同努力。在西贝，大家对店长、经理这些中层管理者都十分敬佩，这并非因为他们的职位和权力，而是因为他们自身的威望很高。

“心怀人生召唤，消除抱怨，远离害怕，让自己以感恩的心态面对出现的一切。”这是在西贝内部广泛流传的一句话，意思是西贝的每个干部都要自觉地把自己当成一位教练，员工有问题要帮助解决，员工有困难要和他们共同克服，而不是高高在上远程指挥，更不是躲在幕后推卸责任。只有每个干部都充分肩负起对员工、对门店以及对整个西贝集团的责任，才能让员工的心与他们同在。

西贝干部：即使不身在一线，也必须心在一线

在西贝管理层中有这样一个逻辑：既然我们要践行“好吃战略”，那么“菜”就是最重要的，但菜只有“人”才能做出来，所以要将“好吃战

略”贯彻到底，就离不开西贝的各位工匠——厨师，当然也离不开每一个服务人员。

西贝高级副总裁张慧，曾经负责西贝莜面村西北地区的业务，内部外号叫“西北王”。当张慧下去检查西贝的厨务系统时，发现了很多问题，比如上级对下级进行罚款，还会大声谩骂基层员工，有的甚至动手动脚，基层员工大都习惯了，毕竟这么多年来都是用这种简单粗暴的办法来进行管理的。但是张慧不这么认为，他马上提出了教练模式，大意就是了解被教练者的心智模式，挖掘他们的潜能，发现他们存在的可能性，让每个被教练者都能认识自己，最终得到一个理想的结果。于是，在张慧的带动下，西贝的厨务系统有了明显的改变，大家不再奉行之前的那套“粗暴疗法”，而是用心用力地唤醒别人心中的战斗欲望，让他们自己管束自己，自己鞭策自己。

对于员工来说，他们需要什么样的领导呢？是一个能引导自己的还是一个能随时帮助自己的？表面上看应该是后者，但其实这在实践中很难执行，因为管理层不可能每天都身在一线，但是他们必须了解一线，把心放在一线，要能给一线管理者和员工提供正确的工作思路，这样才能带动整个企业朝着更高的层级进化。

当然，对于基层管理者来说，他们身在一线，就必须和员工共同战斗，但他们也是血肉之躯，他们高强度的工作不仅是靠身体支撑着，还靠他们前辈的鼓励支撑着。这些前辈可能是上一任的店长和经理，也可能是分区的总经理，还可能是曾经带过他们的师父……西贝已经形成了这样的优良传统：上一代人激励着下一代人，老一批人激励着新来的人，职位高的人激励着基层的人。这种浓厚的传承精神，已经超脱了上下级、前后辈的关系，变成了一种亲密的师徒关系。

员工养成秘诀：每位干部都是教练

在西贝，每一位干部都是教练，因为他们不仅要亲身实践，还要将自己积累的知识和经验传递出去。换句话说，西贝的干部不能只想着怎么去帮助员工，还要传授给他们正确的工作方法。

那么，如何理解干部即教练这个新奇的设定呢？用西贝的一位管理者的话说："洞察被教练者的心智模式，向内挖掘潜能，向外发现可能性，使学员洞悉自己，以最佳状态创造成果；授之以渔，使被教练者持久具备自我心态调整能力，保持良好的积极状态。"这些心得可以概括为感恩之心、展现真实的自我、担当责任、充满正能量、创造全新的关系、绽放自己、学会精益求精的思维方式以及相信心的力量。

总而言之，干部的定位就是成就员工，点亮自己。对员工来说，干部不只是一个管理者或者一个帮手，还是一个导师。这样能够激发员工身上自己还没有发现的某些特质，让这种特质变为员工的个人竞争力，最后转化为西贝的企业竞争力，成为打动顾客、占领市场的有力武器。

以导师的心态自居，很多西贝的店长和经理会做到以下三条。

第一，要想让员工走上正道，就必须敢于挥舞"戒尺"。

在中国古代的私塾里，先生们对不好好念书的学生是可以用戒尺来训诫的，即使是皇家子弟，有时候也难以幸免。抛开这里面涉及的体罚因素不谈，一个干部如果把自己定位成员工的导师，有时候就要敢于发火，敢于和员工硬碰硬，这样才能逼出他们身上被埋没的潜质。在西贝的一次内部会议上，有人因为喝酒耽误了开会，在场的贾国龙向那人的直属领导询问他的去向，没想到这位领导张口回答道："死了，那个家伙昨天晚上喝酒喝多了，喝死了。"后来，这个喝酒者来到会场以后，他的领导二话不说，提着他的耳朵将他扭送到了贾国龙面前，狠狠地教育了对方。

第二，要想让员工跟着自己走，就必须发掘员工的长处。

无论是店长还是经理，都应该了解自己手下的这些人有什么优缺点，通过扬长避短的方法让他们的优势最大化。西贝的一些厨师经验丰富，但是不善于表达，在参与内部沟通时做不出PPT，于是就有店长成立了导师支持中心，让门店中学历较高的年轻人帮助厨师们把他们的想法转化为PPT。这既发挥了厨师的经验优势，又展现了年轻人的学历优势，让每个人身上的闪光点都能被展示出来，让人们了解了厨师们看似倔强实则是在维护工匠精神的可贵之处，也让人们发现了年轻人好学上进的积极态度。在这样的领导之下，团队中的每个人都能找到自己的位置，自然就愿意跟着上司走。

第三，要想让员工快速成长，就必须引导员工不断发现问题。

西贝的干部是下属的帮手和靠山，但是这不能成为员工得到过度保护的理由。如果一个人不能在工作中去发现问题并提出解决方案，即便他心怀对企业的忠诚之心，也是不适合长期留任的。只有通过引导和鼓励让他们养成独立自主的工作态度，他们才能真正产生成就感，形成良性循环。所以，西贝的管理者普遍认为，干部事必躬亲，其实是对员工的不够尊重。

西贝的华南央厨有一家供应商，曾经在一段时间内达不到食品安全卫生标准，当时西贝的食品安全部门多次提出改进方案却毫无效果，最终上面派了干部过来。那名干部并没有帮助解决问题，而是让他们全员齐上阵，总部只负责借钱给他们更换设备。在这种看似冷漠的氛围中，工人们最终发现厂房角落里有一溜地下钢槽，因为多年不打扫，垃圾成堆，这才引发了卫生问题，于是通过疏通和清洗把根源清除了。如果这名干部手把手帮助他们解决问题，那么他们下一回还会碰钉子，永远也成长不了。

从表面上看，企业经营的是客户，其实经营的是员工，每个企业的发展史都是员工的成长史，而每个干部都会在这个过程中起到催化作用。具体到西贝，干部成了一线员工的家人、队友、导师和鞭策者，员工成长经历很像是一款“员工养成游戏”，当员工通过基本训练和闯关任务最终通关的时候，也就是企业练成至高武学准备出关的日子。

◆ 协作比分工更重要

团队是依靠协作的力量构建的，一个员工的综合素质再高，也只能在有限的范围内发挥作用，是无法对整个企业的品牌构建起到关键作用的。

顾客来到一家餐馆用餐时，感受到的是一整套的服务：从等位时服务员的接待到点餐，从菜单被送到后厨后厨师对菜品的烹饪再到送到顾客面前品尝……，几乎每个环节都能决定顾客对该餐饮品牌的好感度。如果员工只做分内的工作而不管其他工作，就会出现顾客体验感断层的情况，最终导致顾客对品牌出现负面印象。

西贝的用人逻辑：你是谁不重要，重要的是你在哪

西贝的工作氛围总的来说是让人放松的，但并不轻松。所谓放松，是指员工不必每天都看店长、经理的脸色，因为他们不会苛求员工去做什么，也不会事无巨细地指挥；管理层信赖自己的员工，大家都是在比较放松的状态下工作。所谓的“并不轻松”，是指员工可以不被别人驱使着去工作，但应该知道自己几点出现、出现在哪里以及出现后需要干什么。

比如，西贝的门店规定早上8点半上班，一般这个时候是没有客人的，但是员工也必须到岗。这是为了随时待命，也是为了和团队见面后对昨天的工作进行梳理，对今天的工作进行准备。同样，到了晚上9点门店通常停止营业，但是员工不能马上下班，因为晚上10点还有晚间会议，也许有人觉得这种会议十分无聊，是在剥夺员工的休息时间，其实不然，在会上店长和经理会对一天的工作进行总结，会对表现好的员工进行表扬，但不会批评谁，最多提出几个问题供大家讨论。有时候，大家还会热烈地讨论一个PPT，对门店未来的发展进行展望，很多人听到令人兴奋之处会忍不住鼓掌喝彩。

晚间会议之中还有小组讨论，员工会被划分成不同的小团队，分别进行讨论，有针对性地提出并解决团队中遇到的问题。如果小组成员之间存在误会和矛盾，也会通过会议集中解决，绝对不把冲突留到第二天。

在开会讨论的同时，西贝的其他员工在为第二天的工作做着准备，比如负责搓莜面的员工会继续工作，虽然这时候往往已经接近晚上10点半，但此时的工作是在分担明天的任务量，最终节约的还是自己的时间。

西贝召开晚间会议，从门店运营的角度看，是在帮助大家梳理当日的工作，相当于进行了一次清晰的复盘，能够及时解决服务中遇到的问题，确保顾客在第二天能够获得更优质的就餐体验。从人员管理的角度看，晚间会议能增强团队的凝聚力，因为大家虽然整天在一起工作，但是工作期间很少交流，在停止营业后充分沟通，既能增进感情又能互相交流经验，一举两得。

总的来说，西贝对员工的要求是，不会具体催着你做什么，但会及时提醒你该如何指挥自己。

从表面上看，西贝要求员工找好自己的站位和团队协作没有太大关联，但仔细分析可知，团队协作的前提是各司其职，只有每个人都知道自己该干什么以后，才不会和别人的工作发生冲突，才能使自己的工作配合整个团队的节奏。只有站的位置准确了，团队的阵型才不会被打乱。

人效最大化：相信员工+赋能员工=团队高效运作

总的来说，西贝在调动人力资源方面的核心法则就两条：一人多岗和配置灵活。从中我们可以发现西贝的管理水平堪称业内一流。

一人多岗，并不是像某些企业那样单纯给员工增加工作量，而是在充分了解员工，发挥他们各自技能的前提下，通过引导和开发让他们的技能得到最大化发挥。这样做不仅能提高运营效率，还能增加员工对企业的忠诚度，因为人对投入、付出巨大的事物总是充满真情的。

在西贝一家名为“祥云小镇”的门店，所有员工都有堂食和外卖两方面的经验，通常西贝的门店最少会配备3个人负责外卖业务，然而这家门店节约了一个指标，只有两个人负责外卖业务，另外一个人属于机动岗位，哪里需要就去哪里补位，用店长的话说就是：“员工要通岗，要能力多元化。会的东西多了，哪个岗位都能胜任。”结果，该店外卖业务上线4个多月，一次营销活动都没有做过，然而外卖的日均营业额长期保持在1.1万元左右，在整个商圈中的优势都非常明显。

配置灵活，其实要求的是从实际出发。餐饮业中存在客流高峰和客流低谷的两极情况，如果无视客流的波动规律，不对人员配置状况进行调整，其结果要么是人手不足，要么是人手过剩，都会给日常经营带来困难。所以，西贝的一些门店会对客流量进行预估，提前做好人员安排，比如某一天的外卖单量比较少，那就只安排1名员工定岗外卖区，其他人都负责堂食业务，以充分节约人力。

如今的市场，无论是行业竞争还是人才争夺都愈演愈烈，提高运营效率、降低人力成本、提升用户体验正在成为新餐饮时代餐饮企业的核心竞争力，其中提高运营效率是重中之重。

回想当年，贾国龙在临河创立第一家小店，那时候或许不需要多少队友，但是贾国龙预感到，要想把生意做大，把品牌做起来，把门店在全国范围内开起来，单靠几个人是不够的，这需要成千上万名员工，而且这些员工要懂得互相帮助，能够引导彼此共同进步，这样才能让西贝的品牌生命力不断延续。如果说临河是梦开始的地方，那么今天全国连锁的西贝就是一群追梦者续写的传奇的崭新篇章。

◆ 员工的待遇

年轻人背井离乡到异地打工，固然有“实现梦想”这种务虚的精神需求，但养家糊口这个务实的需求才是最重要的，是不应该被企业的经营者忽视的。员工需要用精神上的奖励来实现自我价值，同样需要用物质上的奖励来强化对个人能力的尊重。

有的企业给予员工较低的待遇，是为了“节约成本”。人力成本的确是运营成本的一部分，但是这部分成本是和顾客的体验感直接挂钩的。员工赚的钱少了，脸上的微笑就少了，对顾客的服务就没有那么周到了，顾客自然不愿意再来消费，最终为此买单的还是企业自己。所以，提高员工的待遇，就是在优化顾客的体验，也是在增强企业的盈利能力。

西贝的待遇：优于同行业平均水平

餐饮行业是比较忙碌的，这一点西贝和其他餐饮品牌相比并无大的区别。员工的工作时间不是完全固定的，不能像有些行业那样朝九晚五地准时上下班，偶尔也会遇到加班的情况，不过都是有补助的，对于一心想着赚钱的年轻人来说，这也是一个增加收入的好机会。和同行业其他企业相比，西贝员工的薪资待遇不低，这也从侧面证明了西贝的盈利能力较强。当然，西贝门店给予员工的待遇往往也和当地的消费水平挂钩，所以跨地区盲目比较是不可取的。不过，西贝在员工的薪资水平上始终恪守一个原则，那就是要高于当地的普遍消费水平。同时，为了照顾来自外地的年轻人，让他们在大城市安家落户，西贝还为员工发放房补。当然，不同的门店，具体的政策也会不同，但都是依门店的具体盈利情况来定的。这从侧面说明了员工要想多赚钱，就要帮着门店多盈利，门店的营业额上去了，自己的收入水平也会跟着提高。

上述所说的薪资水平有些不确定，为了便于操作，西贝有一个可量化的衡量指标——西贝员工的薪资水平永远向市场75分位以上的水平看齐。

除了薪资待遇之外，员工最关注的莫过于晋升空间了。一般来说，餐饮业中容易晋升的是厨师，在西贝却并不是这样，服务员的晋升空间也很大，高出了同行业的普遍水平。这就让从事服务工作的员工充满了干劲，他们知道只要自己踏实肯干，干满一定年限，就会在福利待遇上和职位上有所提升。

对于刚入行的年轻人来说，毛手毛脚的情况在所难免，而且每天的工作量很大，难免会有打碎餐具的情况出现，这放在一般的餐馆是要扣工资的，但是在西贝完全不用担心，因为西贝的员工打碎餐具不用赔钱，只要做到下次小心就可以了。从这一点上，我们不难看出西贝的管理制度非常人性化，这在整个餐饮行业中也是为数不多的。虽然赔偿几个餐具没有多少钱，但这种政策会让员工产生一种温度感，让他们觉得西贝是把员工当成自家人，不会和员工计较蝇头小利，而是希望大家一起努力把门店经营好。

归根结底，西贝的工作氛围对新人非常友好，特别是对于那些适应能力较差的人而言。西贝的管理层会对下属负责，新人犯了一些小错，认识处于迷茫期，都能得到及时的帮助和引导，这就让他们心里有底，愿意留在西贝尝试各种可能。当然，员工要想拥有良好的工作岗位和收入，不付出辛苦努力是不可能的。

成长的陪伴：帮带制度和鉴定制度让员工放心

一个人终其一生都在成长，成长的道路是漫长和艰辛的。在家里时，有父母陪伴；在学校时，有老师和同学陪伴，但是进入社会之后，由于存在利益纠葛，很少会有同事和上司陪着你成长。这对于新人来说是非常致命的，会让他们在进入一个新行业时充满抵触情绪。

为了给予新员工足够的成长空间并确保有人见证他们的成长，西贝推行了帮带制度和鉴定制度。帮带制度也就是我们前面介绍的“拜师学艺”，让老员工带领新员工快速熟悉岗位职责，根据岗位和员工资质的不同，这种帮带关系通常会维持一个星期到一个月的时间，然后提交给分部进行鉴定。如果这个员工通过了鉴定，那么他就可以定岗涨薪了。至于鉴定的内容，无外乎员工所在岗位相关技能的操作熟练度和准确度等等。

有人觉得，这种制度和员工的待遇扯不上关系，其实恰恰相反。员工来到一个新企业，初始薪资不会太多，所以金钱不是一个能够挽留他们的手段；新人与同事和上司的关系比较生疏，也缺乏足够的情感留人基础。唯一能让他们安心的，就是有人真正帮助他们，不仅为他们解决困难，还要见证和肯定他们的成长，这样他们才会愿意融入这个企业当中，而西贝的帮带和鉴定制度就从制度上给了新人温暖感。

对一个员工最有价值的爱，是“关心他的学习与成长”。所以，企业应当首先为员工设计他们的职业生涯规划，比如员工应该成为什么样的人，10年之后他会升职到什么岗位，如果一个服务员想要用10年的时间成长为经理，那么他需要付出哪些努力。这些都是西贝为员工考虑的问题，哪怕只是短期员工，他们也会在西贝学到终生受用的东西。

定制的鞋：西贝将关怀员工放在心上

据说在餐饮界，有人做过一项统计：员工每天在店里至少行走2万步，所以鞋子的舒适度非常重要。提到鞋子，我们就不能不提到西贝对员工的一次特别关爱行动。

西贝分部总经理贾国慧经常会做店访，一方面是为了了解每个门店的经营状况，另一方面是为了了解员工的工作状态和待遇。有一次，贾国慧问员工：你做好这份工作需要什么样的支持？结果有一个员工“语出惊人”地说，她的鞋不舒服，她每天从早到晚在店里走动，一天下来脚非常疼痛。类似的抱怨贾国慧听到过三次，她感觉特别羞愧，感慨地表示：欠员工一双舒服的鞋。

从表面上看，一双舒服的鞋算什么呢？就算是送给员工一双也不值多少钱，但是对员工而言，这代表着企业是否看重他们，是否真的支持他们的工作。贾国慧曾经认真分析过这个问题，她觉得一双鞋看起来是小事，但是如果让员工觉得不舒服，让他们工作一天后会产生疼痛，那这双鞋就会给员工带来压力，这种压力也会影响到他们的工作状态。后来，贾国慧去乐凯撒吃饭的时候，无意中问起服务员：你们的鞋穿着是否舒服？对方的回答是肯定的，贾国慧终于打定主意，要让西贝的员工也拥有舒服的鞋。

有了想法就要马上付诸实践，西贝迅速指派专人负责定制鞋子这件事，联系了经验丰富的制鞋公司，不惜成本地让设计师对员工的工鞋进行改进升级，在设计时专门考虑了员工的工作环境和活动量，一连改了几次样品，还让员工进行大范围试穿，再听取他们的意见。外界几乎不敢相信，西贝当时指派专人每天奔波在制鞋厂和门店之间，不是为了谈什么大订单，而是为了给员工设计一款舒适又透气的鞋子。

经过反复试验，最终一款适合西贝员工的鞋被设计出来了，员工们穿着舒服的工鞋服务顾客，脚不疼了，心里暖了，干活有动力了，潜藏的能量也就爆发出来了。

对于西贝来说，这不是一双鞋的问题。西贝的核心价值观是“爱、真实、负责任、荣耀承诺、我的西贝”，西贝对员工鞋的态度，就是在检验是否真实、负责任地兑现了关爱员工的承诺。而且，西贝不仅在态度上善待员工，还在体制上切实保障各项政策，支持员工做好本职工作。

通过给予优厚的待遇，西贝的员工做好了长期留下来战斗的准备；通过制订良好的晋升机制，西贝的员工看到了光明的前途，深信自己的双手能够改变未来。当然，有人因为工作出色而晋升，也有人因为工作不力而被淘汰。正是这样，西贝将优秀的员工保留下来，给予他们成长的机会，最终变为西贝的中流砥柱。他们是西贝的“根底”，也是西贝的“塔尖”，他们能够承担西贝发展道路上的重任，也能成为西贝领跑业内的风标。

◆ 本地的和尚好念经

每个企业都渴望自己的员工都是独当一面的精英，所以在招聘时会特别看重应聘者的学历、职业经验、情商，等等。这从选拔人才的角度看没问题，但是人才永远是稀缺资源，你渴望获得的人才，你的同行也在不遗余力地网罗，最终被你收归麾下的终究是少数。另外，获取高端人才的成本是昂贵的，尤其是对于初创企业来说，通常拿不出有市场竞争力的薪资待遇，那么最好的办法不是引进高端人才，而是创造高端人才。

培养人才，某种程度上来说比选拔人才更难，因为你不知道哪个人具有成为精英的潜质，而且在培养的道路上会发生各种意外，比如挑错了“种子选手”，比如“潜力股”中途跳槽，这些都是不可控因素。但是，只要企业确立了“我要培养属于自己的人才”的观念后，就会形成一种良性的人才成长机制。随着这种机制的不断成形，会有越来越多的人展示出个人才华。

简单地说，从外部选拔人才是零星购买，在内部培养人才是批量生产，哪种方式效率更高一目了然。

招贤纳士：选择有成为精英意向的人

既然人才要从内部培养，那么就要在招聘阶段多少设置一些障碍，为那些无心成长为精英的人设置门槛，否则胸无大志的人进入团队之后会影响正常的工作氛围。那么，西贝在这方面采取了什么措施呢？其实很简单，西贝通常会在招聘启事上写上这样一句话：一份有未来的工作。

短短的八个字，看似简单，其实作用巨大。

如果你是一个只在乎眼前利益，不关心未来发展的人，这句话给你的印象就是“这家企业估计工资不会很高，所以才让人关注未来，没意思！”，自然就不会有应聘意向。但是，如果你是一个想要成长为精英的人，这句话就会直击你的内心，因为你在意的不是眼前的利益，而是未来的发展路径，既然这家企业敢写出这样的话，就说明他们的确在员工的成长空间方面做了考虑。

简单的一句话，其筛选的核心其实是“价值观”。如今一些企业，在筛选人才时最看重的是什么呢？不是价值观，而是对方是否有强大的技能。诚然，员工的技能和企业的利益是相绑定的，但掌握技能的人放在哪里都是受欢迎的，只要你的竞争对手开出比你高的价码，你眼中的技术人才就会成为别人的战士。所以，真正把人才留在身边并符合企业长远利益的要素是“价值观”。

那么，西贝传达给员工的价值观是什么？优厚的薪酬待遇是基础，更重要的是学习和发展。学习，就是在进入西贝之前你可以什么都不会，进入西贝以后你会通过拜师的方式来学习技能，同时你的上司和同事也会分享给你一定的经验，让你一边学习一边发展，最终成长为西贝的精英力量。

从这样一份措辞简单的招聘启事中，我们就能发现西贝在人才筛选上的确下了功夫。

事实上，创造高端人才西贝绝不是随口说说，无论是分部还是门店，许多人都从传菜员做到了经理，从学徒工晋升为了店长，还有从门店晋升到了分部再进入总部的。这些在西贝内部成长起来的人往往都有着十年以上的工作经验。

人才生态：建立符合西贝特色的组织文化

企业内部难免存在着竞争关系，这也是推动团队凝聚和个人能力凸显的手段。不过在西贝，很多人并不非常看重业务上获得了多少利润，而是身为一个店长能够带出多少优秀的徒弟。为什么会有这样的观点？因为拿下一笔业务不代表能拿下另一笔业务，但是带出了几个新人，这些人往往会跟着西贝一直成长下去，未来他们会拿下更多的业务。

贾国龙十分推崇任正非的管理理念，所以西贝的人才激励方法和华为的比较相似。西贝也提倡奋斗者精神，会把人当成核心资产来培养，这不是只停留在口头上。西贝内部颁发的员工手册上有这样一个公式：业绩=能力×意愿。能力解决的是会不会做的问题，而意愿解决的是想不想做的问题；能力可以通过后天不断积累来培养，而意愿需要通过建立归属感来培养。

贾国龙经常表示："我们西贝就是要学华为，就是要学任正非，学不来任正非把利分出去，学华为白学。任正非的本事比我大多了，不一定都学得来，但舍得分钱这一点我还是能学来的。"

在人才培养方面，西贝始终坚信一句话："人才不是招来的，而是培养出来的。"这么多年以来，西贝一直坚持的人才培养策略是：要搞清企业的使命和员工个人价值观的关系是什么，只有找到个人价值观和企业使命的结合点，员工才有可能发自内心地对企业产生认同感，否则一切都是虚假的。

西贝一直信奉“到点成才”的原则，筹建了西贝大学，对员工进行初步的选拔，打造了基础业务人才培训基地。除此之外，西贝针对中高层管理者建立了西贝沙漠铁军训练基地，培养这些管理者的心智和意志力，只有管理者临危不乱，才能在危机时刻带动手下攻坚克难。同时，西贝不忘人才建设从“娃娃”抓起，建立了校企合作基地，将产教相结合，只要有学生进入学校，身份上就相当于西贝的员工了。当然，对于那些早早加入西贝的老员工或者没机会得到锻炼的新员工，西贝也会为他们提供在岗学习机会，比如青年厨师有机会去世界各地学习和实践，在此期间工资照发。

从内部培养人才，是西贝满足对精英需求的最有效手段，这给很多信奉“外来的和尚好念经”的人一记响亮的耳光。在西贝，偶尔会有空降兵，但大多数成长为中流砥柱的人才，都是从默默无闻的员工甲、乙、丙、丁开始干起的，而这也是西贝在中国餐饮界的成长之路。

◆ 西贝、海底捞的学习精神

“活到老，学到老”是一句民间俗语，充满了朴素的智慧。时代在变，旧的知识和经验随时都可能更新，只有不断学习才能弥补这种代差。

不过，综合智商和情商来看，人和人之间的学习能力存在很大的差异，同样，企业和企业之间也存在着学习能力上的差异。从表面上看，企业之间的差距体现在市场竞争力上，但从本质上看，竞争力源于学习能力，而学习能力又是受到学习精神驱动的，所以企业之间最终比拼的是学习精神。当企业有了强烈的学习动力以后，才能真正促进整个组织生产效率的提升，从而带来生产效益的飞跃。

海底捞：向能者学习不丢人

海底捞成立于1994年，每年的总营收轻松破亿，无论是在中国还是世界的中式餐饮市场上都排名领先，是中国成长速度最快的餐饮品牌，于2018年上市。

海底捞取得如此惊人的业绩，与其保持了几十年的高效学习能力不无关联。海底捞依靠学习来改变经营思维，不断超越自我，最终成为餐饮界的王者。

2006年，海底捞正式提出向麦当劳学习，为了打造现代化的快餐市场结构，在中国建立了四个现代化物流中心，大大提高了物资采购和运输的效率，为前端的客户经营奠定了稳固的后台基础。

2012年，海底捞从美国的餐饮消费习惯中借鉴了小费制度，推出了计件制度。这个计件制度不是向顾客收取小费，而是根据员工工作量的大小计算报酬，是一种能够激发员工工作积极性的现代管理制度。

2015年，海底捞把目光放回国内，借鉴了巴奴毛肚火锅的招牌菜品，先后推出了八种毛肚和七种菌汤，深受顾客欢迎。这不仅丰富了海底捞的菜品种类，还提高了对各种口味顾客的捕获能力，进一步扩大了市场份额。

海底捞不仅向国内外的同行学习，还具有跨界学习的思维，比如借鉴了互联网思维，在第一时间开展了微博营销、外卖业务等等。难怪董事长张勇表示，海底捞正是因为具备了强大的学习能力，才拥有了不断进步的动力。为此，海底捞的各级管理人员一有空就会走出去了解世界的变化，通过开阔视野来丰富经营管理的思维。

海底捞因为采取了开放性的学习思维，在短短的二十几年间飞速发展。这种虔诚的学习态度和强大的学习能力，帮助海底捞缩短了企业成长的周期。

海底捞不仅学习其他企业的成功经营经验，还积极对内进行员工培训，把学习到的内容传授给员工。通常，海底捞的培训每星期进行一次，内容分为企业文化、服务常识以及仪容仪表三大板块，培训导师都是由拥有3~5年经验的资深海底捞服务员转型而来。

为了让新员工之间建立深厚的工作情谊，导师会鼓励员工表达自我，让大家主动和别人说话，经过一番开导和训练，员工在面对顾客的时候会变得更加具有亲和力，沟通能力大幅度提高。这些新人接受培训之后，会被派到门店进行4天的考察。这时会面临一个双向的选择：员工可以真正了解海底捞的工作环境，海底捞也可以真正了解员工是否合格。除此之外，海底捞还会通过给员工过生日等人性化举措增加企业和员工的黏合度，让他们获得归属感，从而有利于员工运用在培训中学到的知识。不少员工表示，虽然在海底捞工作并不轻松，但能学到很多东西，成长速度很快。

西贝：愿意投入一切，愿意打破传统

在餐饮行业中，西贝是“越先进越爱学习”的优秀代表，其特色就是“舍得花钱和敢于学习”。长期以来，西贝有两项费用支出占比很大，一项是咨询费，另一项就是学习费，仅2018年一年西贝就花费了4000万元的咨询费和1亿元左右的学习费。

西贝一直秉承一个观点：员工的能力不能靠自我养成，要靠学习来提升，而企业应该为员工的成长提供大量的学习机会，通过让员工参与到集体学习中提升他们的专业能力。为此，贾国龙以身作则，经常和高管们一起学习，培训费花了1000万元以上也是不稀奇的。这些都是为了更好地提升管理层的指导能力，否则如何说服广大员工去自我提升呢？对于每位基层员工的学习费，西贝常年维持在3000元这样的级别上，而员工最初不过是想报名价值300元的课程。

企业的天花板取决于学习能力，这是西贝大手笔投入培训经费的根本原因。老板要学习，高管要学习，员工更要学习，当整个组织的人都坚持学习时，企业的天花板就会持续上移，建立更强大的市场竞争优势。

很多企业并不重视员工培训，或者只是敷衍了事，无法让员工像西贝员工那样在集体学习中互相交流、共同进步。实际上，企业应将学习当成常态工作去完成，为此西贝专门成立了西贝大学。每个西贝大学都包含干部学院、服务学院、厨师学院三个组成部分，学员毕业后就能进入附近的门店实习。实习期满以后，学员会根据工作种类被分配到不同的服务系统当中。设立实习期的目的是帮助员工全面了解西贝整个服务流程中的方方面面：让厨师知道前台服务需要注意什么，让组长明白基层员工存在哪些实际困难……这样才能形成“全西贝一盘棋”的统一思想。

拜师学艺：西贝精神的传承路径

西贝的员工不仅来自社会招聘，还会从一些常年合作的相关院校中直接接收，但无论你学历多高、经验多丰富，初到西贝都只能从底层做起，当然不同的学历工资待遇存在差别。如果你之前在其他餐饮企业中做到了店长，西贝不可能直接给你店长的位置，必须让你重新接受培训，从服务员做起，为的就是让你真正了解西贝的企业文化并将在培训中学到的知识学以致用。

西贝的学习氛围十分浓厚，甚至有着“拜师”的传统。当一个人从西贝大学毕业后，第一天入职时门店必须举行拜师仪式，这是西贝内部的硬性规定。仪式通常是在晚上下班后，由经理或者部长担任主持人，配上背景音乐，全员围在一起，新人和师父在中间，新人先是向师父深鞠一躬，说一些感谢话，然后师父也会向新人鞠躬，表示感谢新人帮助其成长，最后师父和新人一起向在场的员工鞠躬，表示他们是相亲相爱的一家人，最后师父会送给新人苹果、笔记本等小礼物。

这种师徒结对的学习形式，能够不断激发彼此的学习热情，让新老员工共同成长。如果新人在工作中表现出色，门店还会为他们安排晋升仪式，给予物质奖励，最大限度地提升其自豪感和自信心。在这种良好的“传帮带”学习体系中，西贝的各级干部员工都能在实践中参悟新的知识并通过交流分享经验，提升组织的整体战斗力。

西贝的学习精神，既有大把花钱的外在表象，又有拜师学艺的内在动力，只有把二者充分结合起来，才能真正在组织中植入学习的基因。现在一些企业只是看到了成功品牌的闪光之处，却忽视了它们背后的其他付出，自然只能学到皮毛，无法打破原有的束缚，只能让企业陷于长期停滞不前的状态。

或许短期的学习并不能让一个人、一个企业获得明显的进步，但只要长期坚持下去，就会慢慢显露成果。这种持之以恒的学习，造就了海底捞、西贝莜面村这些杰出的中餐品牌。

◆ 西贝人的责任和担当

世界上的大部分企业只靠金钱激励员工做事，而伟大的企业靠使命感驱动，西贝就属于后者。西贝的使命感赋予每个干部员工责任和担当。于是，西贝人身上逐渐具有了一种不服输的干劲，从贾国龙到基层员工都如此，他们甚至有轻伤不下火线的优良传统，而这就是西贝人在长期工作中培养的责任感的体现。

事实上，当一个人或者一个企业从内心深处渴望承担责任时，就有机会认识到自己存在的不足，会强化一个观点：负责不只是员工对企业和顾客负责，更要对自己负责，这样才能在履行职责的时候感受到自身的价值，进而得到他人的认同。

"要工作不要命"：责任和担当不是口号

责任感要通过实际行动来体现，在西贝是通过"715"工作制来体现的，即每个星期工作7天，每天上班时间15个小时。也许在外人看来，这样的工作强度实在太高，但职业是自己选择的，愿意进入西贝并留下来的人，从内心深处是认可这种工作状态的。餐饮原本就是勤行，有顾客就有一堆活要做，没顾客同样有一堆准备工作要做，如果抱着轻松愉快的态度在餐饮界工作，笃定不能适应这个行业，自然也就谈不上责任和担当了。

对于外界的质疑，贾国龙是这样回复的："不只我一个人这样，我们多少干部，为了把饭做好，为了把顾客服务好，就为了这一件事，没日没夜干了32年，才有了西贝今天的一点成绩。"

事实正是如此，从一个街边小店变成全国连锁，不额外付出必要的努力是不可能实现的。那么，西贝人觉得累吗？人人都是血肉之躯，累是一定的，但是他们愿意劳累，因为不经历这个过程就称不上有担当的西贝人，上对不起集团领导，下对不起社会大众。

西贝有一位外卖负责人，有一次在宿舍下楼时扭伤了脚，当时她靠在楼梯间的墙壁上，无法自主站立，可她担心的并不是自己的脚，而是担心会影响工作，于是马上给店里负责外卖业务的第二梯队的同事打电话，让其接替自己。在去医院处理受伤部位之后，医生叮嘱她要用冰块外敷，但她只有一个小冰箱，就用二十多根雪糕消肿。就在大家都认为她该休息一段时间时，第三天她就出现了在工作岗位上。当雪片式的订单飞到店里之后，这位负责人硬撑着肿大的脚踝去后厨催菜、传菜，全然忘记了自己的伤痛。这种事例只是西贝众多员工的一个真实写照，还有很多让人心疼又让人敬佩的"钢铁战士"，他们无论遭遇什么样的压力和伤痛，都能把工作放在第一位，把难过放在心中，始终用笑脸面对顾客。

为何如此敬业：因为将责任和担当意识注入了灵魂

要想具有责任和担当意识，员工需要保有一颗敬业之心。何谓敬业？

就是将做好工作当成自己的毕生追求，一丝不苟地做事并且有始有终。有些员工缺少责任和担当意识，觉得自己只是打工的，麻烦事应该让老板去操心。这种工作态度自然和敬业无关，也不可能做好手头的工作。只有当你把责任和担当视为工作的底线时，才能由内而外生发出一种神圣感，坚定地把事业做下去。

西贝美食艺术学校有一位采购员郭师傅，于2006年加入西贝，每天凌晨5点，当大部分人还在睡觉的时候，他就已经开车在路上了。即便这么早，郭师傅还是觉得时间来不及了，因为只有去得早才能采购到好的材料，特别是赶上门店客流量比较大的时候。

西贝美食艺术学校经常搬迁，从内蒙古的呼和浩特到鄂尔多斯，再到临河，每到一个新的城市，郭师傅都要重新适应一次。初到异地，郭师傅根本不知道市场在哪里，百货商场在哪里，以前智能手机还不够先进，他只能向人打听或者去当地的西贝门店求助，最终郭师傅克服了这些困难，成了多个城市的“本地通”。2018年，郭师傅荣获西贝的工匠精神奖，这个奖项是对西贝员工敬业态度的最高级别的表彰。

一个采购员，如果没有责任和担当意识，那么他只需要把食材等物资买回来即可，至于是不是最好的，就“超纲”了。这样的工作态度绝对不算敬业。郭师傅之所以拼尽全力去做，是因为他把西贝的事业当成了自己的事业，以责任和担当意识为驱动力，最终成为其他人学习的榜样。

人才：有责任和担当意识是第一标准

对西贝来说，人才是最宝贵的资源，但培养人才从哪里入手呢？责任和担当意识。没有这二者，个人能力再强也不适合留在西贝，因为他们无法将个人的才干发挥到极致。相反，如果一个员工能力一般，但是心中充满强烈的责任感和担当感，那么他就会在工作中不断历练自己，能力自然就会快速上升。

除了能提升个人能力之外，责任和担当意识会把一个人和工作深度融合在一起，让看起来枯燥乏味的工作变得具有意义，那么他自然而然地就会产生敬业的意识。当这种意识深深扎根脑海以后，他做起事来自然就会变得积极主动并能从中体会到快乐。一个快乐工作的人，不会感到疲惫，也不会感到厌倦，他的前程也会变得繁花似锦。

正是因为有了责任和担当意识，每个西贝人都不会把“给多少钱办多少事”装进脑子里，他们不会虚度光阴，而是会全力以赴。恰恰是这种态度，最终回报给他们丰厚的物质奖励，因为他们的辛苦付出为西贝创造了价值，带来了收益，他们个人的生活也因此得到了保障和提升。

责任和担当意识能够保证一切。西贝的员工用实际行动验证了这句话，他们用责任意识保证了信誉，用担当意识保证了服务，用敬业精神保证了创造……当每个西贝人都这样努力付出时，增加的是西贝整个品牌的价值内涵，提升了企业的市场竞争力，让每一个顾客都能获得最优质的体验，而这就形成了西贝的企业文化和品牌魅力。

◆ 为了梦想，更要脚踏实地

人与人之间最大的区别是什么？不是能力，也不是性格，而是梦想。

能力可以提升，性格可以打磨，但是梦想往往伴随人的一生，它会让人有意识地提升能力并改变性格。梦想，是一种内在的驱动力。对于一个人来说，所拥有的最大资源不是权力、财富或者人脉，而是根植于内心深处的梦想。每个人都该拥有梦想。

现在西贝有2万多名员工，他们是否拥有自己的梦想呢？

圆梦造梦：最强的组织驱动力

贾国龙一直把“帮人圆梦”当成驱动组织的独门法宝，听起来这有点像慈善家而非企业家的观点，但其实贾国龙提出这四个字是有原因的。贾国龙曾经受到思八达创始人刘一秒的影响，虽然此人有很多极具争议的观点，但其中一个观点贾国龙是非常赞同的：老板的梦想就是成就员工的梦想。

这句话听起来有些鸡汤，但仔细琢磨可知：老板要想帮员工实现梦想，首先要搭建一个平台，这个平台是员工展示才华的舞台，当这个舞台逐渐拓展、丰富起来以后，老板就能吸引更多的员工过来实现梦想，这么多人在竭尽所能地发挥聪明才干，老板的事业能不做大做强吗？

正是因为发掘出了梦想的力量，贾国龙做了一件让很多人震惊的事情：在2万多名员工中布局“梦想工程”，只要是西贝人，都应该公开说出自己的梦想。贾国龙带头说出他的梦想：“打造一家中国最大的餐饮连锁企业，在世界上有影响，与星巴克、麦当劳同量级，保证自己的江湖地位，让家人因自己而骄傲。”贾国龙说完以后，首席体验官马燕说出了自己的梦想：“3年以后准备去澳大利亚开店。”没想到话音刚落，贾国龙就把开店牌照提前发给了马燕。紧接着，分部的两位副手表示自己多年当“老二”，没有机会展示个人才华，贾国龙听了以后当场给他们“另立山头”的权限，去试验西贝的新业态。

这次有关梦想的行动发生在2017年，它不是一种简单的笼络人心的仪式，而是代表着贾国龙将“梦想作为组织牵引力”载入了西贝的管理体系。贾国龙相信，当组织被充分带动起来，员工们都会像这些骨干一样去实现他们的梦想，而这些汇聚在一处的力量就是西贝不断发展的核心动力。

西贝有一位厨师，2006年进入腾格里的塔拉店，当时只有17岁，他身边的很多人都觉得这个刚进入社会的大男孩根本撑不住西贝的高强度工作，然而让大家没想到的是，这个看似柔弱的大男孩不仅很快适应了环境，还把师父和同事都变成了亲人。经过几年的历练，从最开始的切配到上灶，他一步步成为后厨的顶梁柱。那么，他的梦想是什么？他告诉人们，他要在6年之内当上厨师长，拥有自己的房子、车子和幸福家庭。结果，没用6年的时间，他就实现了这个梦想。

后来，这位厨师在接受采访时这样说：“感谢西贝给了我这一切，感谢贾总给了我这个平台，让我实现了自己的梦想，接下来我要做的事就是把自己的梦想放大，敢想、敢梦。”在他眼中，西贝就是一个实现梦想的平台，贾国龙把平台搭建好了，能否实现梦想就要看个人的努力了。

激活梦想：哪怕是辞职也要鼓励

层层激发并放大梦想，让梦想产生巨大的推动力，是很多优秀的西贝人都要经历的过程。在西贝，“梦想工程”绝对不是口号，也不是空话，而是要通过平台赋能帮助员工实现梦想的实实在在的工程。有些员工起点不高、身无所长，但是这个平台能够挖掘和激发每个人的才能，更重要的是，梦想能点燃每个人的欲望和激情，这样员工就拥有了强大的“发动机”，整个组织就有了执行力和创造力，而西贝也就有了生命力。

为了把“梦想工程”贯彻到底，西贝对广大干部员工进行培训时，会把主题和梦想关联起来，而且会针对不同的人采取不同的激活方式：基层员工的小梦想是什么？店长的短期规划是什么？中高层骨干的愿景是什么？梦想有大小之分，却没有高低之别。在不同的事业阶段，每个人的梦想都会结合自身实际情况来设定，而西贝会引导大家做合理的设定并制订可行性方案。

2018年，贾国龙身边的一位得力干将李展春准备辞职创业，贾国龙虽然心中不舍，但创业是人家的梦想，阻拦对方实现梦想，这就违背了“梦想工程”的主旨。最终贾国龙非但没有强行阻拦，反而给了李展春一份年终大奖和30个西贝肉夹馍加盟店的指标。

贾国龙说：“人们为梦想而活，创造全新的可能。”梦想是人生强大的召唤师，能够唤醒人们身上潜藏的欲望、能力和斗志。对“梦想工程”而言，无论是留在西贝的还是已经离开的，都在这个工程范围之内。

企业和个人，要想获得成功，需要借助强大的驱动力。你让一个人过河，对面就该是水草丰美的绿洲，你让一个人爬山，山顶就该是壮阔大气的风景，这样人们才拥有驱动力，才会唤醒本心。梦想触发行动，行动成就梦想。如果组织中的每个人都能找到自己的梦想，让梦想与组织使命的方向一致，这样的组织就会是天下无敌的。

西贝，正在努力变成这样的不凡组织。

◆ 让员工死心塌地的秘密

餐饮行业人员流动率很高，西贝是如何尽可能地降低流动率，甚至令员工离职以后也会感念在西贝工作的日子呢？其实很简单，就是让员工发自内心地认同西贝，而不是只把西贝当成一个打工人养家糊口的单位，最终让每个西贝人，无论是一线员工还是高层管理者，都能树立起主人翁意识，自然也就舍不得离开自己的“家”。

多项荣誉：西贝为什么深受员工喜爱

2019年，在由中国连锁经营协会（CCFA）主办的“2019中国全零售大会”上，西贝斩获“2019年CCFA中国连锁业员工最喜爱公司”称号，截至目前，西贝已多次获得被誉为“中国连锁行业的奥斯卡”的CCFA年度奖项，这既代表着员工对西贝的高度认可，也代表着整个餐饮行业对西贝的极高赞誉。2020年，在由世界中餐业联合会、红餐网联合主办的“首届中国餐饮品牌节暨2020中国餐饮品牌力峰会”上，西贝又荣获“2020年度中国餐饮品牌力百强”称号，贾国龙也被评为“2020年度中国餐饮风云人物”，这些有分量的奖项无一不在证明西贝在中国餐饮界的知名度和影响力。

如今是一个消费升级和产业竞争日趋激烈的时代，西贝就像一面旗帜，在不断自我提升的同时也为其他国内餐饮企业做出了表率，获得多次殊荣的背后，展现的是西贝深入人心的企业文化以及与之相关的创业合伙人制度、员工关怀制度和员工激励体系等。

事实上，做一个让顾客喜爱的企业并不难，难的是做一个让员工喜爱的企业。企业讨好顾客的方法有很多种，毕竟顾客是来“送钱”的，无论是打折、会员价还是其他各种优惠，不过是“羊毛出在羊身上”，企业总归有赚头。可是员工是来企业赚钱的，既要给予他们相应的报酬，又要驱动他们工作，让他们认同企业文化。在这方面，西贝操作得当，这要归功于西贝的组织建设。

组织建设：员工爱你的根本原因

组织建设是维系整个团队运转的框架，它虽然看不见摸不着，但是只要和人发生关联，就会展示出它的正面或者负面的作用。组织建设首先要有一个成熟完善的组织价值观。西贝没有单独采用某位大师的观点，因为这容易出现偏颇，而是把德鲁克的“分权与授权”、王阳明的心学和“至善”、稻盛和夫的“阿米巴体系”和曾国藩的“领导力”进行了完美的结合，这样才能在现代社会制度下对员工进行正向管理和驱动。

贾国龙认为，西贝组织建设的目的就是将看起来很平凡的人聚集在一起，经过培训与磨合，在树立共同目标之后做出一些不平凡的事情来，而这就是组织的最大价值。

西贝有一位姓丁的支部经理，18岁时就进入了西贝，当时只是一个学徒工，按理说做到店长就已经很励志了，然而他最终成了西贝最大支部的经理，每年都有分红，在上海安家落户，成为有车、有房、有地位的成功人士。如果这位丁经理当初去了别的餐馆，或许就不会有后来的成绩了。

对西贝来说，需要的正是这种出身普通但潜力巨大的员工，而不是在面试时就有着傲人职业背景的人，因为前者会把西贝当成自我价值塑造的家园，而后者大多会用自己的经历与西贝做价值交换。而且，只有那些从底层一步步摸爬滚打上来的人，才会对西贝产生最深的感情，因为他们知道自己拥有的一切离不开自己的努力，更离不开西贝这个平台。当这类人越聚越多时，西贝就有了高度认可自己的合伙人，而不是打工者。

要想让员工爱上企业，就得给员工一定的权力。如果员工只能按照上面的命令做事，就不会有归属感，更不可能认同企业文化，因为这里的一切决策和核心利益都与之无关。因此，西贝的一个组织原则就是敢于信任和放权。

德鲁克有一句话："管理就是激发善意。"直白的解释就是，要想展现出一个人的才华，就要带着信任的态度给他机会和资源，这就是在人才管理层面的"善"。西贝有一个三代店，它的设计思路是一个分部的总经理去日本考察后得出的。当时，这位总经理有感而发地表示，能否效仿日本的餐馆，让厨师穿戴整齐，像烹饪大师一样给大家做饭，把后厨变成中岛，客人环绕在四周。这个思路得到了总部的肯定，但随之而来的是高达千万元的装修改造费用。这份工作由谁来做？怎样才能避免有人贪污浪费？西贝并没有深入思考这两个问题，而是直接把这份工作交给了一个支部经理去做，因为信任对方。最后，三代店的转型升级非常成功。

试想一下，如果西贝对任何管理者都不信任，凡事总部和高层亲自督办，会极大地影响效率，毕竟高层和基层之间缺少衔接，而由中层管理者去做不仅符合规则。更重要的是，西贝通过放权锻炼了大批的人才，让他们有机会练手，逐步成长为西贝的中流砥柱。因为在锻炼的过程中有了成就感，他们会更看重西贝对个人能力的激活作用，就能更好地接受企业文化。

贾国龙和高管们不可能亲自过问西贝的每一家门店，唯一的办法就是放权给店长，门店经营的好坏和店长的个人能力评定挂钩。这虽然听起来有些冒险，但是西贝做大做强的关键：如果不能锻炼出一支能独当一面的基层管理者队伍，西贝不配拥有美好的未来。

利益均沾：梦想驱动靠的不是口号

在西贝，大家并不忌讳谈“分钱”，但同时也喜欢谈“传爱”，因为二者的背后有一个更深层次的因素存在——梦想驱动。所以，西贝总是会探讨一个问题：“分钱、传爱：能分多少钱？能传多大爱？”敢于面对并善于解决这些问题，才能体现出一个企业强大的组织运营能力和团队动员能力。

西贝的“分钱”政策，对基层员工是福利，对高层管理者来说却是“噩梦”。西贝明确规定：如果高管年收入超过1000万元，超出的部分就要拿出50%分给下属。当然，这样做并不会真的引起高层管理者的不满，相反他们会引以为傲，因为分给下属的越多，就证明赚得越多、能力越强。

一个组织是由不同的人构成的，这些人分工各异，有的倾向于脑力劳动，有的倾向于体力劳动，也有脑体结合的，如何激励他们是组织驱动的关键。为此，西贝设立了工匠精神奖，通过物质上和精神上的双重奖励，让员工感受到被肯定和被尊重的愉悦感，进而对西贝产生更深的情感连接。设立这个奖项以后，员工会朝着获奖的方向努力，因为他们渴望在一个组织中拥有发现自我和证明自我的机会，久而久之，员工和西贝的黏合度就得到了强化。

除了在自我价值方面激励员工，西贝还从细腻的情感关系上入手。从事餐饮行业的人很多不能回家过年，而他们忙碌了一年又渴望和家人团聚，为此西贝策划了“家人旅行计划”，让那些不能回家过年的员工年后和家人在五星级酒店相聚，所有费用都由西贝出。为什么是五星级酒店？贾国龙说：“有可能他妈妈这一辈子只能住一次五星级酒店，你既然要做这件事情，为什么不给他留下生命里最难忘的体验呢？”

想想看，当一位母亲得知孩子在这样的企业中工作时，能不支持他继续努力工作吗？曾经有西贝员工在拍结婚照的时候穿着工装，面对镜头露出了幸福的微笑，这在其他企业几乎闻所未闻，足以证明员工真的把西贝当成了自己的家。这就是个体对组织的最高认同，这种认同已经不再局限于工作上，已经彻底融入生命中。

西贝为所有员工描绘了一幅人生蓝图，并承诺将所得利益与大家共享。这不是一句口号，而是真实的行动，员工就是被这种真诚打动的，所以才死心塌地地留在西贝。西贝的目标不只是在全国开多少家分店，还要把“小西贝”变成“大西贝”，把“大西贝”变成“大家的西贝”，让所有人都能通过在西贝的奋斗实现梦想。在这样一个既讲爱又讲绩效的团队中，每个人既能感受到温暖又能收获价值，这才让今天的西贝愈发强大。

◆ 西贝员工的苦与乐

餐饮是勤行，只要店里来了客人，员工就得以十二分的紧张去应对。虽然西贝的员工会享受到很多其他餐饮企业没有的待遇，但是只要进入工作状态，他们就要付出大量的劳动。正是这些事无巨细的付出，才给予了顾客最优质的体验。西贝的一线员工们，为了实现这个目标，一面忍受着劳动的辛苦，一面享受着工作的快乐，谱写了一曲苦与乐的交响乐。

西贝员工的苦：体验感是用劳动量换来的

当你在铺着西贝红白格餐布的桌子前等着美食送上来时，是否想过后厨有着怎样的忙碌景象呢？或许没有多少人思考过这个问题，人们只在意端到自己面前的美食味道如何，却忽视了一道菜从食材变成美食的全过程。下面，我们就了解一下西贝的后厨是如何工作的。

据西贝广州一家门店的厨师长整理，他全天的工作从早上8点一直持续到第二天0点30分，可以说各个时间段都有不同的工作要做。

8点到8点20分，这时厨房的工作人员陆续到位，核对人员是否到齐，然后检查每个人的仪容仪表，最后确认今天的客流人数，争取达到客流人数2000人、营收15万元的目标，在互相鼓励的掌声中开始了一天的工作。

8点20分到9点，后厨开始对食材进行验收，重点核对大拌菜的水果备量和蔬菜的品质，对所有的蔬菜都要进行过秤检查，还要核对它们的到货数量，同时检查昨晚肉夹馍的加工数量，确保今天能够正常搭配。此外，工作还涉及对职工餐中加餐的饮料和西瓜的到货检查，毕竟员工也是要吃饱吃好的，不能只关心顾客，忽视了一线的奋斗者们。

9点到9点30分，对员工餐备量进行检查，确定是多加了还是减少了，同时还要检查口味对不对路以及敲定开餐时间等细节。

9点30分到9点50分，对各档口的冰柜原料进行检查，检查内容包括储存的温度是否合理、原料的摆放是否正确、毛巾是否经过消毒，等等。

9点50分到10点20分，在正式接待顾客之前最后一次检查各档口核心产品的数量和品质，因为要在10点20分前备齐，所以这个检查环节不可缺少。

10点20分到10点30分，对外摆展示情况进行检查，比如是否卫生，产品摆放是否标准，等等。

10点30分到11点，厨师要负责协助面点出菜，比如做酸汤挂面或者包水饺等。

11点到14点30分，在现场帮助传菜员摆菜、分菜和上菜，如果顾客需要外卖打包也要帮忙，同时要和楼面沟通牛大骨、羊蝎子的销售数量。

14点30分到15点30分，对西贝特有的“红冰箱”进行检查，了解退菜的情况，然后给员工切西瓜、发饮料，对职工餐进行检查，确保能够准时开餐。

15点30分到16点，和其他师傅一起值班并安排一线员工先吃职工餐。

16点到16点30分，安排一线员工对下午的备料进行加工，然后和后厨师傅一起吃饭。

16点30分到17点，认真检查各档口核心产品的数量和品质，通常重点检查大拌菜、羊肉串、肉夹馍、牛大骨、莜面窝窝以及羊肉汤，等等，因为这些都是西贝的招牌菜品。

17点到19点30分，开始监督大盘鸡的出菜速度、羊肉串的上菜速度，确保25分钟之内能够上菜，还要帮助外卖客人点餐打包。

19点30分到21点，对各档口的人员状态进行检查，对员工进行鼓励，和楼面经理及时沟通产品的销售状况。

21点到21点30分，安排人员在22点收货，继续关注“红冰箱”的退菜情况，同时检查职工餐的备量，确保准时开餐。

22点到22点30分，审核档口的申购计划，盘点库存并确认签字，完成库管对接，然后和店长、服务经理开小结会议，最后吃员工餐。

22点30分到23点，参与中央厨房原料的收货和检查工作。

23点到0点，安排负责面点的人员上早班，因为要在第二天6点加工莜面鱼鱼；同时和烤间主管再次确认羊肉串的备量和时间，最后与伙伴们一起做清洁。

0点到0点30分，发红包鼓励手下，当天工作完成。

西贝员工的乐：这里就是员工的家

虽然员工工作强度大，但他们在西贝体验的不仅仅是辛苦，也有快乐，而这正是促使他们留在这里的根本原因。虽然大家每天都很忙碌，但是每个与你擦肩而过的同事，无论是否熟识都会向你微笑，而且不是礼节性的，而是发自内心的、像家人那样关怀的微笑，让疲惫的人感受到一股暖流。

虽然西贝的很多员工并没有受过高等教育，但是他们身上表现出的优秀品质非常突出。他们会理解和自己一起工作的同事，因为他们不仅是团队成员，还是共同奋斗的战友，每个人都离不开他人的帮助，每个老练的员工也都是从青涩一路走来的。如果有员工做了错事，会被人指出来，但不会挨骂，反而会帮他分析原因，避免重蹈覆辙，特别是师徒之间、店长和服务员之间，会以一种长辈对晚辈关心的态度去教育、引导、纠正，这让每个人在西贝都拥有光明的发展前景。

西贝不仅是大家的西贝，还是所有人的家。很多员工表示，在门店里虽然没有家人和朋友陪伴，虽然同伴来自五湖四海，但是彼此相处起来就像是一家人。这就是西贝，会给予每个人辛苦和快乐。辛苦是为了顾客满意，是为了西贝这个品牌，而快乐同样源于顾客的满意和大家的认可。在这里被尊重、被关怀、被保护，所以没有人愿意轻易离开，时间越长就越能适应这里的工作节奏，也就越难以割舍。西贝的员工已经把自己的整个生命和这个餐饮品牌融合在了一起。

◆ 西贝的用人策略

只要和西贝有过一次邂逅，就很可能会令人终生难忘。这让一些没有去过西贝的人心生好奇：西贝真的这么出色吗？西贝当然出色，但西贝最出色的并不是菜品，而是提供给顾客的服务，很多人为了享受这种服务，愿意等待几个小时。

那么，西贝的员工为何能留住顾客的心呢？因为员工钟情于自己的岗位，执着于西贝的企业理念。这不仅仅是西贝给予员工相对优厚待遇的结果，还是推行人性化的管理方式，在用人策略上胜出一筹的结果。

自运行机制：让员工自己动起来

当企业发展到一定规模以后，虽然会配套完善的管理体系，但是强度不好掌握：强度大了，可能会让员工产生逆反心理以致离职；强度小了，又不能很好地驱动员工为客户服务。特别是西贝的员工中年轻人居多，都是“80后”“90后”甚至“95后”，他们成长的时代强调个性和自由，严厉的管束往往适得其反，而且，一级管一级的模式也会让老板和高管们身心俱疲。为了让员工的积极性被充分调动起来，西贝启动了“自运行机制”。

所谓“自运行”，就是以门店为单位进行自我组织、自我管理和自我协同，最终的目的是实现自我约束和自我激励。于是，各个门店开始采用团队计件制度，打乱原有的专业分工，在门店里重建责任主体，为顾客提供从到店到结账的全流程服务。这样一来，员工对工作越来越上心，而且经过系统梳理、设计和调整，曾经那些“多余”的岗位和职能部门都进行了精简，极大地节约了管理成本。

西贝的总部敢于放权，让员工“自运行”，正是因为员工对西贝做出了承诺，在心中坚守着西贝的规章制度，还能够在遇到挫折时扫除负能量。这些早期训练强化了员工独立自主、负责担当的工作态度，所以西贝才敢放心地让一线员工“自运行”。

凝聚团队战斗力：好朋友就要“牵牵手”

员工的执行力固然重要，但除了执行力以外，员工还应该具备更强的集体协作能力。一个门店就是一个整体，上到店长、厨师长，下到传菜员、服务员，如果大家不能拧成一股绳，就很难形成强大的战斗力。为此，西贝大学特地开创了体验式拓展课程——牵手。

牵手训练是这样的：所有学员都被蒙上眼睛，朝着指定地点集结，中途要找到全班同学，再喊老师，游戏结束时才能摘下眼罩。游戏看似简单，但是在“黑暗之旅”开启之后，大家记忆中的地图和脚下走的路完全不同，他们感受到的不再是新奇有趣，而是恐惧和压力。每个人自成一体，不能向别人寻求帮助，所以只能自己去找楼梯并沿着小路到达最终集结地。短短几百米的路程，有的人摔倒了，有的人彻底迷失方向，平时只需走几分钟的路程竟然走了将近一个小时。

当大家到达指定地点以后，才被允许向自己的同学呼喊。每找到一个人，双手就会紧紧地握在一起，更多的人聚集在一起以后，就会拥抱和欢呼。于是，拉起来的手越来越多，从一个人到两个人，从两个人到三个人……一个班的人凑齐了，大家终于松了口气，然后高声呼喊自己的老师，老师却迟迟不给大家回应，不少人开始无助地哭泣起来，有的人甚至要摘下眼罩。殊不知，老师此时正在角落里观察着他们。当游戏结束后，老师会根据游戏中每个人的表现选出两名同学带领整个班级走完接下来的路程，这条路时而平坦，时而坎坷，时而充满泥泞，因为心中充满了恐惧，大家紧紧抓住别人的手，寸步不离，互相搀扶，会体验到前所未有的依赖和信任。最终，当大家穿过黑暗回到教室以后，有的人甚至不愿意撒开握在一起的手，还有人深情地向同伴表示感谢。

经过"牵手"拓展训练，每个学员都深刻理解了团队的重要作用，在进入门店以后会继续和队友保持密切的联系与合作，因为他们不想再感受那种无助的黑暗，这成了西贝团队建设的特殊纽带。

用人策略：员工需要一个好平台

在西贝成为国内餐业界的标杆以后，很多企业慕名前来学习。其实，西贝的用人策略并没有多么深奥，不过是把企业定位成一个平台，在这个平台上，员工通过个人的不懈努力来改变自己的命运。

西贝曾经用两年多的时间开发出了"麦香村"这个快餐项目，当时的目标是通过建立一个平台，成就"10万个小老板"。在西贝挑选出的第一批创业人士中，有一位姑娘叫苗苗，当时只有22岁，她来到西贝的时候才

18岁，几年时间从一个搓莜面的妹子发展成为西贝上海分部的面点导师。起初，苗苗的父母并不支持她来西贝工作，但是自从麦香村业务上线以后，苗苗的爸爸对她说："不是每个企业都能像西贝这样，给你一个小员工如此难得的机会，你必须好好干。"还有一位创业者当时30岁，育有两个孩子，别人问他为什么要竞聘成为麦香村的创业店长，他表示自己来自农村，不怕吃苦受累，想要把握这个千载难逢的机会。

其实，与上面提到的这些创业人士类似的人还有很多，他们都把西贝当成一个奋发向上的重要平台，通过个人的辛勤努力与拼搏成为榜样。

知乎上曾经有一个问题：为何小小的沛县在秦朝末年涌现出了刘邦、樊哙、周勃、曹参等一大堆能人志士呢？难道只是因为沛县人杰地灵吗？当然不是，真正的原因是以刘邦为首的"西汉集团"打造了一个平台，刘邦的各位同乡才有展示才华的机会：读过书的当谋士，敢拿刀的去打仗，一个个都能建功立业。如果天下太平或者刘邦没有起事，那么这些人很可能不过是杀猪的屠户、办丧事时的吹鼓手、监狱里的小吏……因此，平台才是决定一个人社会价值的关键，而西贝正是为广大员工打造了一个平台。这种独特的用人策略，把员工和西贝紧紧绑在了一起。

第六章

西贝裂变的秘密

◆ 西贝选址的主流方式

选址对餐饮品牌来说至关重要，但选址又并非人们想象的那么简单。很多从业者认为选择地段好、人流量大的地方开店为佳，花费了高昂的店面租金，营业额却不能与之相匹配。

西贝的选址原则和其他很多餐饮品牌不同，往往能够在看似不起眼的地方把生意做得红红火火，因为西贝有自己的选址标准。

西贝奇迹：不被看好却大火的门店

在北京辛店路亚运新新家园北侧，西贝开了莜面亚运村二店。这里地理位置比较偏僻，不是商业繁华区，交通也不便利，除了自己驾车过来就只能打车，这在交通拥堵的北京是相当不利的因素。然而事实如何呢？该店每到中午和晚上都座无虚席，日均客流量在1000人上下，到了周末更是会达到100%的上座率，其中回头客占据大部分比例。

为什么会有这样“反常”的业绩？因为这里虽然位置不好，但是紧贴北京北五环，属于交通要道，驾车过来的人一眼就能看到北苑路大屯出口处的西贝莜面村指示牌，只要顺着标识前行再拐两个弯，就能发现掩映在白杨林后的西贝门店。其他餐饮品牌都认为这里不适合开店，所以附近的餐馆少之又少，西贝成了千顷地里的独苗，加上可口的菜品和用心的服务，自然就成了人们聚餐尝鲜的首选。

西贝在六里桥的门店，正式营业前也不被人看好，然而贾国龙认为这里十分符合西贝的选址标准：门店空间大，给顾客宽敞大气的感觉；广告牌醒目清晰，能够招徕第一次用餐的顾客；拥有100个停车位，解决了有车一族外出用餐的后顾之忧。所以，贾国龙把整栋楼都租了下来，1~3层和地下半层做饭店，4层用来办公。开业后，该店日均流水达到8万元，成为目前北京规模最大的一家门店。

边缘大店：城市化发展的新趋势

通过上述两个案例，我们可以发现西贝在门店选址上不走寻常路，十分具有超前意识，甚至有点故意反常规的味道：不去选择寸土寸金的繁华地段，反而选择在边缘地区开设规模较大的门店，这是非常精明也非常具有冒险精神的选择。归根结底，西贝读懂了当今城市化发展的必然趋势。

贾国龙认为，如今随着市区住宅越来越密集，房价逐日增高，不少人选择在城市边缘买房子，促使城市不断外扩，而这部分人大多是年轻人，消费能力和消费意愿都比较强，他们虽然上班时要进入繁华市区的写字楼，但是当他们下班以后，想要和家人朋友放松一下时，便会选择位于交通要道旁边、有足够停车位、位于城市边缘的大型餐馆，而这几点恰恰是西贝最看重的选址标准。

简单总结一下，西贝的边缘大店需要具有以下几个特征：第一，位置可以偏僻，但要毗邻交通要道；第二，空间要足够大并有大量包间，适合进行招待和聚会；第三，配备等比例的停车位（比如每5个餐位配备1个停车位）。

边缘大店的租金和租金涨幅均较低，西贝动辄租下整栋楼，但其实总花费并不多，开的时间越长，成本回收就越快。比如六里桥店开业的时候，每天每平方米的租金是1元，租期10年，后来续租的时候单价只涨了0.5元。

事实上，贾国龙早在1999年初到北京开店的时候，就确立了“边缘理论”——利用边缘菜系在边缘地区开大店。“边缘”并不只是一种地理概念，也是一种文化概念，因为西北菜不如川菜、粤菜那样拥有高知名度，受众也相对狭小，贸然进入繁华商圈和主流菜系竞争是一着险棋，所以西贝才独辟蹊径，对边缘地带情有独钟。

能够洞察时代变革下消费者的新需求，这确实需要具有独到、高远的视角，然而边缘大店还有更深层次的战略意义：随着城市化发展速度的加快，现在的边缘地区会在不久以后的将来进化成繁华地带，那时候前来用餐的人会更多，品牌知名度也会更高，那时候边缘大店将集各种优势于一体，现在的布局也可以看成一种超前投资。

盘活死店：轮到西贝坐庄就能绝境逢生

西贝不仅在选址开新店方面有一套，对于那些因经营不善行将倒闭的死店，也有着“妙手回春”的本事。西贝在北京开设的门店中，差不多有一半是从别人手中接过来的，甚至有被转手三四次的，比如北京的六里桥店、亚运村店、颐和园店、双井店等。

按照一般的商业经验，一个半死不活的门店，除去经营者自身的因素外，地理位置往往是导致其衰败的原因之一，所以很多人不会贸然接手，以免重蹈覆辙，但是西贝又一次不按套路出牌。这一方面是因为有些死店的地理位置并不差，接手过来就是对边缘大店的一种补充，毕竟还要照顾那些习惯在繁华地段消费的人群；另一方面是因为死店的获取成本较低，先接手过来再筹划如何利用，同样是一种超前投资的策略。

做生意，不能只把视线锁定在眼前，而是需要把目光放得更加长远，这样才能提前布局，处处先人一步，最终收获更大的利益。一个看似不难懂的门店选址问题，背后反映的其实是西贝对现代消费者心理变化、社会文化发展等方方面面的考量。西贝经过仔细研究、考察后，做出了正确的抉择和全新的定位——站在高处，不如站在妙处。

◆ 赛场制：西贝内部竞争机制

企业不仅要参与激烈的市场竞争，还不能缺少合理的内部竞争，甚至可以说内部竞争比外部竞争更重要，因为它决定了一个企业的核心战斗力。西贝能够从单纯的西北民间菜小吃店发展到今天中国餐饮业的龙头企业，管理上的法宝之一就是内部竞争机制。

内部竞争机制，围绕的核心还是人，因为人才是企业发展的原动力。在人才管理方面，西贝投入了高昂的培训成本，这是针对员工个人素质而言的，可以看成在企业"象牙塔"中的强化训练。但是，要想让广大干部员工真正成长为西贝的中流砥柱，还需要让他们在互相比拼的工作氛围中进一步强化职业技能。

内部比拼：既是队友又是对手

如今是一个竞争激烈的时代，国内涌现出很多大大小小的餐饮品牌。有些虽然无法和西贝、海底捞这样的业内王者相抗衡，但是它们也能通过各自的品牌号召力分走一部分客源，而且很多也像西贝一样处于发展壮大的过程中。如果西贝不居安思危，不能及时反省人才管理方面是否存在问题，被市场淘汰是完全有可能的。

这种客观存在的危机，其实就是西贝在内部推行赛场制的根本原因。赛场制的主旨思想是让每一位干部员工都能增强危机意识：一方面对企业品牌在市场上的竞争压力感到危机，另一方面对自己在西贝内部的存在价值感到危机。只有将这两种危机集合在一处，才能最大限度地激发干部员工的潜力，让他们不断强化自我，助推西贝走向更高的竞争段位。

在企业的团队管理中，危机意识非常重要。只有存在强大的竞争压力，才能使整个组织处于活跃的状态中。企业内部的竞争不仅是个人之间的竞争，还是团队之间的竞争。只有让每一个小团队都活跃起来，才能发挥最大的组织效能。

现在一些企业存在工作效率低下的状况，究其根本还是员工的状态不佳，松懈懒散，结果就是工资待遇上不去，进而更加贪图清闲，由此形成恶性循环。如果企业能够建立良好的内部竞争机制，就能鼓舞员工的士气，也能提高企业自身的市场生存能力。

西贝在2016年设定了赛场制。所谓赛场制，就是让员工之间存在一定的竞争关系，在“比学赶帮超”的氛围中互相较劲，共同成长。比赛每个季度举行一次，理论考试和实践测评并行，最后得出排名并把发现的严重问题罗列出来，对有问题的门店进行有针对性的培训。在比赛的过程中，相关人员会对门店进行排名，排名前10%的门店管理者和员工会得到月薪50%的奖励，排名前50%的门店的相关奖励比例为25%，排名后10%的门店管理者和员工则要扣工资并上台讲述为什么做得这么差。

仅在2016年，西贝为了落实赛场制就花费了3000万元，但是西贝从上到下都觉得很值。西贝之所以将赛场制作为干部员工的管理制度，一方面是想提高大家的收入，另一方面是为了提高企业的服务水平和整体效率。

实际上，和国内其他餐饮品牌相比，西贝的工资待遇是比较高的，即便是最底层的员工，月薪也在5000元以上，而且每一年的分红很多，总额动辄七八千万元。但这个数字贾国龙并不满意，他的目标是分红总额超过一亿元。如何让这个目标早日实现呢？核心还是在于西贝的干部员工有多能干。所以在西贝的价值观里，存在着一个代表竞赛文化的口号："不争第一我们干什么？"

为了让员工多获得物质收益，贾国龙想尽办法唤醒他们的战斗意志，而不是通过盲目给奖励的方式。他是这样解释的："我要往下分，分给谁呢？比如三个人比赛，我就分给第一名，那第二名、第三名也得想方设法做得更好。我觉得这个其实才是关键，就是不能平均分配，如果平均分配了，这个就成了大锅饭。"

内部竞争，争的不只是利益，还有个人价值。这在中高层干部中尤为明显，很多人的物质需求并不大，他们更想通过做事来体现个人价值，而这正是赛场制运行的关键。

西贝设立的创业分部，是以分部总经理为核心的，他们之间存在着竞争关系，自然会把这种竞争意识传导给底下的员工，最后整个分部都会被调动起工作的热情，继而带动下面的门店；门店自己负责招聘和培训，培训体系可以根据自己的实际需求来制订，这样训练出的员工更适应当地的市场环境，可保证战斗力持续输出。

西贝创业分部的赛场制以季度为单位进行排名，分为"A+、A、B、C"四个等级，只有获得4个A（A+相当于两个A）才能换一张牌照（可以开一家店），这对于创业分部来说至关重要。自然，分部得到的A越多，未来的发展空间就会越大，有的团队的全年营业额能够达到十个亿。

对外扩张：赛场制让西贝迅速壮大

截至2020年7月16日，西贝在全国25个省（自治区、直辖市）58个城市，一共拥有379家门店，营业额始终保持上涨趋势，同时还在不断扩大规模。这一切并不是只靠总部的宏观把控，毕竟中国那么大，分店那么多，各地的市场环境有所差别，能够把控这一切的还是以创业分部为核心的各个区域。

事实上，西贝从来不会目光短浅地追求门店遍地开花，因为数量的增加很可能会降低门店的品质。西贝的扩张规则会避免出现恶性竞争，如果两个团队都看中了一座城市，那么就要凭借各自的本事进驻，而不是由总部决定。这样不仅会筛选出最优者，还会激发创业分部的积极性。

为了让比拼保持公正、公开的状态，西贝每年都会对全国的各个门店进行考察，比如利润收益、顾客评价、菜单创新以及门店环境等等。相关人员在收集这些考察要素的相关信息以后会进行审核，然后对全国门店进行排名，以督促门店团队不断自律和提升。对于排名后30%的管理团队，西贝总部会收回经营牌照和相应的股份，然后把相关团队打散，分配到其他的团队中去并占据新的股权，而在这个调整的过程中员工依然能够获得薪水，能免去他们因为参与竞争而产生的压力。

实际上，这种人性化的关怀不只是为了给员工输送温暖，更是为了给予他们试错的机会。一次失败可能是客观因素或者偶然因素造成的，要尽可能多地给予员工参与竞争的机会，这样才能保证赛场制的公正公平。

那么，被收回的经营牌照去哪了？西贝会将它们发放给排名前30%的管理团队。这些团队的总经理可能会把牌照发给副总，让副总重新组建一支团队，去其他地方开门店，当然也可以留下来和老店进行竞争。这种倒逼机制促使各个分店不断提升自己的经营能力，这样才能不被“自家人”吃掉。

西贝推行的赛场制，让西贝创造了几十亿的年营业额，这让全国的很多餐饮品牌望尘莫及。这种看似“自己人和自己人斗”的模式，不仅没有把西贝搞垮，反而让西贝在外部竞争中变得锐不可当，引发了业内相关人士的深度思考。

◆ 用兵之道，攻心为上

餐饮行业是人类商业发展史中资历较老的行业，因为人们天生需要吃饭，这是一种本能。餐饮品牌的市场竞争非常激烈。在中国这样的美食大国，随着改革开放后餐饮市场的发展，各种全国连锁品牌层出不穷，竞争越来越激烈。各个品牌比拼的不仅仅是菜品的质量，还有优质的服务。

在“八仙过海，各显神通”的餐饮市场竞争中，西贝以独特的服务文化取胜，成为业界标杆，也成为同行竞相学习的榜样。在客户管理方面，西贝服务员的微笑服务有口皆碑，甚至演化为西贝的品牌特色。员工的微笑不仅仅是一个善意的表情，还代表着一种企业文化和经营策略，其核心就是攻心为上。

对待员工：以心换心，加强他们对企业的忠诚度

要想让客户满意，首先要让员工获得满足感和归属感，让他们把企业当成自己的家，也就是增加员工和企业、品牌间的黏着度。当员工产生了忠诚感，他们才会以创业者的心态去工作，而不是以打工者的心态去应付工作。

提升员工的忠诚度是每个企业都应该做的，但问题在于能否找到切入点。有的企业一味通过提高福利待遇留人，殊不知这样只能培养员工对利益的重视程度，一旦别的企业开出更高的价码就会轻易把员工拉过去，因为你能给的别人也能给。对此，贾国龙深有体会，他认为基层员工确实在靠体力挣钱，很不容易，他也希望提高他们的待遇，但是不能盲目地提高，毕竟不是吃大锅饭，只有具备相关资质的人才能获得更高的收入。

正是在这种思想的指导下，西贝提出了“把利分给奋斗者，西贝永远不上市”的口号，让每一个愿意努力奋斗的员工都能在公平公正的环境中实现自我价值，既满足精神需求又有物质回报。这种复合的价值感是非常重要的，它不仅关联了员工自身的利益，还关联了员工对西贝的认同。在西贝，只要你努力肯干，就有机会从服务员晋升为店长或者地区经理，成为门店经理之后还能享受每年1.2万元的子女教育补助，这对于很多员工而言是莫大的驱动。

在西贝，不少人是从学徒开始慢慢做到服务经理、门店店长这些职位的。西贝的大部分员工都干了5到10年的时间，之所以工龄较长，是因为他们知道在西贝有广阔的成长空间，当人心被聚拢之后，归属感就增强了。

西贝正是通过为员工创造提升自我的机会，一步一步发展员工和西贝的亲密关系，最终间接收获了顾客的高满意度。

对待顾客：以心动心，用服务细节打动顾客

去过西贝用餐的人都知道，西贝的服务在国内餐饮品牌中是一流的，服务细节做得非常好。到西贝就餐的顾客很多，有时候会出现点菜以后要等待一段时间才上菜的情况，这时顾客难免会产生焦躁不安的情绪，为

此，西贝推出了“沙漏计时法”。

当顾客落座以后，服务员会在桌上放个沙漏，然后向顾客承诺：从点完菜开始沙漏计时，如果时间到了还没有上菜，全桌免单。对顾客和西贝来说，这个沙漏就是主宰了一切的“进度条”。效果如何呢？不少顾客会一边聊天一边观察沙漏，有的人甚至还在心里默念着“别上菜啊，再等10分钟吧”。这样做的好处是，一方面能够消减顾客等待时的负面情绪，将时间具体化，另一方面将“免单”作为一种有效的补偿手段，对门店的工作效率进行了有效的监督，也不会让顾客因白白浪费时间而给出差评，可谓一举两得。

餐饮行业是一个讲究服务流程的行业，所以一般的餐馆都会出台一些维护顾客体验感的制度，比如饭菜里不能出现头发，餐桌要擦拭整洁等等，那么西贝出台了哪些制度呢？没有制度，只有一句话——“满足顾客的需求”。换句话说，只要是顾客提出的要求，都会成为西贝的规章制度，这就从根本上把顾客当成了上帝。

后台设计：研发超配+组织超配

贾国龙一直认为，西贝在研发方面的费用不能省，必须按照目标花完，因为这是对未来的投入。换句话说，谁节省了研发费用，谁就是对西贝的未来不负责任。那么，西贝为什么重视研发？因为西贝重视顾客的体验。研发的最终指向就是顾客把美食送入口中的一瞬间，是认为好吃还是不好吃，这是西贝花钱要知道的答案。为此，西贝提出了“大师作品，工匠复制”的口号，强调把好美食的“味道关”，一定要践行“好吃战略”。当然，好吃的关键在于技法好，而技法的标准化需要配合创造性，涉及在器具、设备、工艺等方面的持续创新，而这些正是研发的范畴，是西贝大力投资的地方。

除了搞好研发，西贝也不忘记建立配套的组织超配，因为好的技术和工具是由人来使用的。为此，西贝建立了一套厨师队伍的管理机制，对厨师进行分级授星，对厨师的服装进行独特的设计，建立强大的厨师培训体系，让每一个厨师都成为精英创业者。因此，西贝的厨师和同行相比，薪资水平平均高出50%，最终形成了“收入高、培训多、成长快、吸引力大”的正向循环。

有了研发超配和组织超配的后台设计，西贝制作的美食越来越好吃，顾客的舌尖获得了美妙的体验，心就被打动了。这样的顾客服务之道，怎能不令人心生敬佩呢？

做餐饮这一行，看似是“从口入”，其实是“从心入”。天下美食太多了，用一两道菜笼络人心是非常困难的，真正让顾客认同一个品牌的，还是它的服务。对于员工也是如此，能赚钱的工作有很多，但能让员工产生价值获得感的企业并不多。西贝，正是因为打动了顾客和员工的心，才独辟蹊径，走上了一条成功之路。

◆ 西贝在用户体验上的创新

创新是企业发展的原动力，而体验感是维护客户的重要手段。如果将二者结合起来，就是在体验上进行创新。西贝能够在短短十几年的时间内发展成为全国知名的连锁品牌，离不开的一个重要法宝就是不断在用户体验上创新。

很多企业都在努力学习西贝的创新，但往往学到了几招之后就不再学习，把学到的那些创新手段当成万年不变的策略。这些创新手段只会在和客户接触的最初阶段发挥作用，一旦客户熟悉了你给他带来的体验感之后，就会产生乏味感，由此成为企业维系客户的软肋。当然，用户体验创新不是一蹴而就的，需要企业在创新成本投入和用户体验之间找到一个合理的平衡点，比如第三极书店，为了给予客户最优质的体验感，不惜成本装修店面，大搞各种会员活动，却因为投入成本过高造成了盈利困难。

创新源于颠覆：为什么传统的就是好的

莜面作为一种传统美食，自然会带有一些传统的韵味。当人们熟悉它以后，往往不会提出异议而是尊重传统，但是，贾国龙敢于打破一些传统。以搓莜面为例，过去都是一些大妈大婶的工作。她们力气大，经验丰富，对待顾客和蔼可亲，甚至一度成为莜面的代言人，从来没有谁提出过异议。但是有一天，贾国龙提出了反对意见：为什么不能让美女们来搓莜面呢？这样能吸引年轻的顾客，让他们更快地了解莜面。

其实，贾国龙的这个想法绝非在营造“美色经济”，而是让莜面充满时尚感和现代气息。大妈大婶们的存在，会让莜面变成一种老古董式的食物，让年轻的顾客望而却步。正是贾国龙这种质疑和创新的精神，让西贝莜面在有了美女的加入之后变得生动鲜活，吸引了越来越多的年轻消费者。

贾国龙的颠覆式创新不止于此，过去西贝的桌子上没有台布，贾国龙忽然提出建议：加上红白格台布。大家都认为这会增加成本，但贾国龙认为这是在给西贝做国际化的包装。为什么这么说呢？很多饭前拍照党习惯对着美食一顿狂拍，然后发送至朋友圈。如果西贝拥有属于自己的特色台布，就能让人一眼看出这是在西贝用餐，这种高度明显的识别符号可以增加西贝的文化价值，增强其传播属性。后来事实证明，贾国龙的这个创新手段果然强化了西贝的辨识度。

顾客体验官：好不好顾客说了算

一家餐饮企业是否能成功，一看饭菜，二看服务。这两方面做得如何自然不能交给企业自己回答，企业必须时刻与顾客建立连接，也就是让顾客发言，通过沟通了解顾客的潜在需求，从他们那里获得真实的反馈，这样企业才能不断发现问题，长足进步。为此，西贝在2018年推出了“顾客体验官”活动。

顾名思义，“顾客体验官”活动就是让顾客免费去门店体验并填写反馈问卷，再参加西贝的新菜摄影创意照比赛和线下菜品研发调研座谈。各个环节紧密地联系在一起，一来能够令西贝获得最真实的信息，二来能够让参与体验的顾客和西贝建立深度联系。

2018年，西贝的第一批“烧烤体验官”专题活动开始后，微信公众号上报名的人数达到了51523人。这么多人当然要进行严格的筛选，最终西贝依照消费频次、消费偏好筛选出了36人。虽然绝大多数人落选了，但是他们对这次活动的评价都很高。

其实，西贝的“专题会”并非2018年首创，2017年就相继举办了“烧烤专题”“新菜专题”“招牌菜专题”“最牛单品专题”共计4期活动。来自全国各地的顾客体验官轮番上阵，有力地催化了西贝在用户体验方面的设计能力。

爱与真诚：创新体验要以情动人

真诚是顾客体验创新的内在要求和外在体现，只有给人一种温度感，这种创新所产生的人文关怀才能令人难忘。这不能简单地通过打折优惠来表达，要想做好体验创新，企业就要从“察言观色”入手，成为顾客的贴心人、知己。

在西贝的一家门店里，一位顾客点了羊棒之后感觉烤煳了，味道也有点咸，于是跟服务员反映了情况。服务员表示可以把这道菜退掉，但是顾客觉得已经吃了一半，退掉有点不好意思，就继续用餐。结果，服务员悄悄为顾客进行了退单处理，顾客结账的时候才知道。这种暗中为顾客退单的服务区别于大多数企业的当面退单，既带有十二分的诚意，又能给顾客送去惊喜，是典型的有温度的体验创新，自然就能在更深层面上加深顾客和西贝的亲密关系。

还是这家门店，有一次来了三位客人用餐，其中有一位坐着轮椅的70多岁的老奶奶，服务员见状特意给老人推荐了几道软口菜品，后厨得知情况后还延长了烹饪时间。在老人进餐时，服务员几次主动拿纸巾给老人，还帮她擦拭衣服。给老人倒水时，服务员认真估算茶水的温度，刚好能让老人喝下去。用餐过后，老人的女儿开玩笑说，想让服务员去她家当保姆，因为服务得太周到了。后来，老人一家每次过来用餐时，都会特意叫上这位服务员，还曾送给她一盒金嗓子喉宝，说是听见服务员说话时嗓子都哑了。就这样，顾客从西贝这里感受到了带着爱的创新体验，服务员也感受到了顾客对她以及西贝这个品牌的认可。

用户体验的创新，和单纯的产品创新不同，它不是从一个吸引眼球的好点子开始，也不是从一个炫酷的使用功能开始，而是从顾客的角度出发，帮助他们解决那些被忽略的、难以启齿的诉求。等到顾客意识到你早已经为他们做好一切时，内心会受到强烈的感染和震撼，而就在这一刻，顾客才真的和品牌产生了融化在生命中的连接。

◆ 无微不至的服务意识

对客户的服务态度和服务方式，决定了客户对企业和品牌的认同感和美誉度。如何将良好的服务理念贯彻到底，是很多企业一直在摸索的问题。很多企业提出了一些听起来很美妙的服务口号，然而实践起来要么困难重重，要么偷工减料，真正能让消费者感受良好的少之又少。

贾国龙当年在临河开小店的时候，自己不怎么会炒菜，但是他服务态度好，上菜速度快，结果并没有影响顾客的就餐体验，他们甚至会指导贾国龙怎么炒菜。从这段经历中，贾国龙得出结论：顾客在意服务多过菜品。

服务是经营之本，没有优质的服务就没有经济来源，所以确立良好的服务意识至关重要。

什么是服务意识？服务意识是指企业的员工在和企业利益相关的所有个人或者集体的交往中，能够主动提供给对方热情周到服务的意识，它必须来源于服务人员的内心。

无微不至：融化在全流程的顾客体验中

西贝深知服务的重要性，却很少大张旗鼓地喊出某些口号，而是从提高员工的服务意识入手，让他们真心实意地为顾客提供最优质的服务。如果非要对西贝的这种服务风格进行归纳总结，那只有简单的四个字：无微不至。

诚然，服务是为了给客户带来优质的体验，进而促进营业额的增长，但是企业不能仅站在自己的立场上去考虑“我该如何让客户喜欢我”，还应该真正切换到客户的角度去思考“我为什么喜欢这个品牌”。虽然二者听起来差别不大，但是在具体实践中就能体现出明显差异了。

西贝对孩子的营销策略，就体现出了站在客户角度思考问题的能力。

现在很多家长带孩子去餐馆消费，最担心的是孩子不愿意长久地待着，吃了一点东西之后就想离开，有的甚至又哭又闹，这就影响到了家长的用餐体验。为此，西贝打出了“家有宝贝，就吃西贝”的口号，从品牌号召力上增加有孩子的家庭和西贝的连接程度，还推出很多有关亲子体验的活动项目并给予会员特价，这些举措都增加了儿童和西贝品牌的亲密度。

当家长们领着孩子到西贝就餐时，门口插满了给孩子扎好的气球，五颜六色，造型可爱，在等位的长凳旁边摆放着一些免费的饮料和小食，电视机中播放着《小猪佩奇》。孩子们可以享用美味的儿童套餐，服务员会帮他们系上餐巾，大人们也吃得开心和放心，一家人其乐融融。

如果西贝人不能把自己想象成客人，依旧站在门店的角度，那么最多会考虑如何吸引顾客上门，比如推出力度较大的打折优惠等等，可这些真的是顾客在意的吗？顾客在意的是如何解决现实困境，比如带孩子就餐所面临的问题，而西贝正是看到了这个关键点，才提出了最有效的解决方案。

全力付出：服务顾客不要怕麻烦

如果你问西贝的老顾客最打动他们的是什么，相信很多人回忆起来的未必是美食，而是享用美食时得到的优质服务。

西贝在呼和浩特开了一家2万平方米的“西贝阳光海岸”，既有西贝的特色菜，又有生猛海鲜，但是地点比较偏僻，距离市区的繁华地段差不多有8千米，加上公共交通不便，刚开业的时候客流量明显不足，尤其是赶上冬天下雪天，更是门可罗雀，这8千米的距离就成了卡住西贝这家门店经营命脉的关键。后来，西贝提出了应对策略：顾客不方便过来，就主动接送顾客，甚至为此专门购买了十几辆面包车，每辆车除了配备司机之外还配备了服务员。

坐车需要时间，服务员会在路上主动和顾客交流沟通，向他们介绍西贝，给他们推荐西贝的各种菜品，还会给顾客递热毛巾，送矿泉水，唱内蒙古民歌，甚至还会为顾客提前点菜，以节省顾客的时间。除此之外，西贝的这些接送车有专门的接客点，而且不止一处，还有专门的路线，返程时顾客就由带他们来的服务员负责送回去。从表面上看，接送顾客非常麻烦，但是西贝的服务员能利用往返的车程时间，和顾客近距离交流，不仅消除了顾客旅途中的无聊，还拉近了与顾客之间的感情距离，让这原本扼住了经营命脉的8千米变成了与顾客亲密接触的绝佳机会。难怪很多人说，没有乘坐过西贝的接送车，就等于没有去过西贝阳光海岸。据说，之后西贝阳光海岸每天最多能够接待500位顾客，很快就扭转了客流量不足的境况。当然现在这些接送车大多已经用不上了，因为现在主动过来的顾客都需要等位就餐。

星级服务：让人朝思暮想的至尊感觉

西贝的服务能够细致到什么程度？答案是在顾客没有提出要求时就能知道他们的想法。

一天晚上，西贝的一个门店里来了两位外国友人和一位翻译。服务员笑着和他们打招呼，然后送去了柠檬水，期间发现一位外国友人不断咳嗽，就主动给对方送去了热水，外国友人连声致谢。后来在巡台的时候，服务员发现外国友人点的羊肉汤莜面鱼几乎没有动过，就通过翻译询问是不是觉得味道不好，这才得知对方不喜欢这道菜品。服务员打算给他们换别的菜品，这时外国友人用生硬的汉语询问有没有蛋炒饭，服务员只能抱歉地表示只有酸菜炒莜面，对方显得很失落。这时刚好厨师长从旁经过，服务员询问能否给外国友人做蛋炒饭，厨师长不假思索地答应了，不一会儿一盘热气腾腾的蛋炒饭就送到了外国友人面前，对方喜出望外，尝了一口就竖起了大拇指。

西贝的服务总是能从细节出发，从情感角度切入，在感动客人的同时也快乐了自己。久而久之，服务员把顾客当成了亲人，顾客也把服务员当成了贴心人，感受着无处不在的惊喜和温暖。

当你在西贝享受各种意想不到的额外服务时，你会觉得在这里消费超值，花100元买到了150元的菜品和200元的服务。当你在服务员真挚微笑的夹道欢送中离开时，记忆中保存的多半不是唇齿之间的美味余香，而是暖彻心扉的超级服务。这种感觉让人流连忘返，以至于下一次有聚会需求时，顾客第一个想到的就是西贝，而这正是西贝贯彻服务意识，使其深入骨髓的意义所在。

◆ 共享共创，互赢互利

西贝从一家小吃店发展到今天，已经走过了30多个年头。对于西贝的成功经验，很多餐饮同行都在努力学习。其实西贝的成功绝学往往体现在贾国龙语录中，尤其是那句“员工第一，顾客第二，领导第三”。这句话道出了西贝在激活人力资源方面的法则：与员工共享成果，与员工共创辉煌，与员工合作互赢，与员工互惠互利。这个总则贯穿西贝30多年的发展历程，我们能够从西贝对员工子女的教育基金上窥知一二，也能从西贝的爱心互助金上了解三分。可以说，西贝把对员工的激励、鞭策、教育和关爱融化在了工作和生活中的方方面面，将西贝变成大家的西贝，依靠这种家一样的温暖成就了今天的业绩。

共享共创：有难同当方见真情所在

工作没有不辛苦的。西贝虽然推出了赛场制，从表面上看给员工增加了压力，但这也成为员工获得额外奖励的主要途径。西贝并不会盲目鼓励内部斗争，对员工不会过分苛求，而是希望每个人在实战中自动自觉地去完成任务。正是有了业绩上的压力，员工在追求奖励的道路上充满了干劲。因为竞争氛围是和谐的，竞争机制是公平的，每个人的工作细节都会被计算在岗位评级的要求里，哪怕最后不能顺利升职，也能通过内部的ABC评级来体现自己的价值。

在这种相对平和的竞争环境中，西贝员工无论从事什么工种，都会努力实现自我价值，因为在他们努力付出的背后，是西贝为他们提供的优质食宿条件和各种暖心的惊喜，比如生日会、新人欢迎会，等等。西贝对员工的关照细致入微，能够让员工清晰地感受到西贝对他们的重视，让他们愿意去奋斗和成长。

“共享”的另一种体现形式就是有难同当。

西贝的基层服务员不少来自农村，一旦家人遭遇不测，整个家庭就会受到毁灭性的打击。为了让员工及其家人的生活得到可靠的保障，西贝在2007年发起了爱心互助金项目，通过公益捐赠和无息借款的方式，帮助所有员工渡过难关。为此，贾国龙夫妻每年都会捐出1000万元用以充实基金，此外还有来自其他员工的捐款和爱心义卖所得，其中一位已经离开西贝自主创业的员工，曾捐款100万元，目的就是把西贝的爱继续传递下去。

爱心互助金的每一笔钱都凝聚着团队的付出和西贝的关怀。有了可靠的保障，员工自然就能放心地投入到工作中，同时深刻地感受到了“共享”的真正含义。

截止到2018年8月1日，西贝一共有526名员工及其家属在爱心互助金的帮助下渡过难关，他们有的身患癌症，有的失去丈夫，遭受着各种不幸。然而厄运的降临没有击垮他们，在他们通过西贝渡过难关以后，就和这里结下了不解之缘，还动员自己的亲人朋友来西贝工作。于是，在西贝会发生很有意思的现象，一个人可能会带着一个村子的乡亲来西贝打工，有一个女服务员先后介绍了200多人来西贝工作。更值得一提的是，在西贝的员工群体中，不少人在工作中擦出了爱情的火花，在这里喜结良缘。

家庭会让人沉淀下来，这也是企业稳定发展的需要。当员工在西贝找到属于自己的爱情时，会更加认同企业文化，夫妻之间也会因为受相同文化的洗礼而三观一致，形成更加紧密的关系。

在30周年庆的时候，西贝邀请了50位工龄超过20年的在职员工，而20年前西贝的员工总数不过100多人，这足以证明了西贝的人员稳定性是很高的。他们认同西贝，所以才会把人生中最宝贵的20年光阴献给了西贝。

只有体会过从农村到城市打拼的艰难，人们才能真正理解西贝带给打工者的温暖。这种温暖化成了一股信念，让员工不再把打工当成养家糊口的无奈选择，而是实现自我价值和情感归属的新途径。

互赢互利：共享员工开创人力资源调度新模式

2020年新冠肺炎疫情肆虐全球，各行各业都受到了前所未有的冲击，很多小餐馆倒闭，西贝也遭遇了严重的萧条。相比之下，配送和生鲜行业发展前景却是一片大好。面对这种不利局面，西贝果断调整思路，利用2万多名富余劳动力的优势与盒马鲜生合作，创造出了一批“共享员工”，让他们到盒马鲜生工作。这既降低了盒马鲜生的人力成本，又满足了其短期用工的需求，西贝的员工开支压力也得到了有效的缓解。

说起“共享员工”这个名词，人们首先会想到最近几年一直火爆的共享经济，它是以获得一定报酬为目的的、将物品使用权暂时转移给陌生人的新经济模式。自然，共享员工把“物品”替换成了“人力”，和过去的员工借调有异曲同工之处。

事实上，与盒马鲜生合作的不只是西贝，还有云海肴、探鱼、青年餐厅等餐饮品牌，此外还涉及餐饮行业之外的影院、百货、汽车租赁等行业的32家企业。一时间，“共享员工”这个新名词大放异彩，先后有超过2500名“共享员工”上岗。

西贝走出的这一步，既是在新冠肺炎疫情背景下的明智之举，又是对共享经济概念的全新拓展。虽然过去有员工借调这种模式，但是和共享员工模式还是存在一定差别的：一方面，共享员工能够自主安排时间，行为上相对自由，比如外卖员可以通过平台自由选择空闲时间去做兼职，而传统的员工借调只能从一个单位做全职迁移到另一个单位做全职；另一方面，共享员工的个人能力可以通过原单位进行展示，企业在人才选取上更有保障。总的来说，共享员工模式能够最大化地利用人们的碎片时间，对企业和员工而言都是一举多得的好事。

对西贝来说，派出大批员工从事之前并不熟悉的工作，有助于拓宽他们的视角，积累跨界服务经验。这些经验虽然不会被百分之百地用在餐饮行业中，但是对全面地了解消费者的心理还是大有裨益的。同时，迈出这一步能让在疫情环境下员工压抑的心态得到一定程度的舒缓，毕竟西贝的员工习惯了忙碌的工作状态，长时间闲散容易扰乱他们的职业情绪。

无论是对内的共享共创，还是对外的互赢互利，都能深刻地反映出一个问题：西贝的成功绝学，从来不是生硬地总结出几个字供人效仿，而是融化在经营管理的诸多环节之中。尤其是和员工之间那种超越商业合作的特殊关系，让在这里奋斗的年轻人不断成长，中年人不断续写往日的传奇，把西贝的精神与爱一代代地传递下去。

◆ 用“裁判制”管理门店

西贝和海底捞是中国最出名的两家餐饮企业，两位创始人的关系也不错，经常会聚在一起交流创业心得。有一次，贾国龙和海底捞创始人张勇在谈到管理这个话题时，贾国龙感慨地说：“你这个东西（组织力），我看得明白，但我做不到。你这套我学不来，我得搞我那一套。你是踢足球的，我就打排球，另辟一个新的‘体育项目’。”

贾国龙所说的“体育项目”究竟是什么呢？说起来，这和他有一次观看体育比赛有关。当时正处于西贝快速发展的阶段，贾国龙每天都在思考如何建立一套行之有效的组织管理办法，因为传统的管理方式已经不适合西贝的发展了。就在这时，贾国龙从体育竞技中获得了灵感：这是一种公平的比拼方式，运动员之所以能够保持竞技的热情，是因为他们有着求胜的目标和裁判的约束。经过一番思考，贾国龙正式将体育赛场上的“裁判制”运用到了西贝的管理上。

裁判制：全员随时待命接受检查

2015年底，西贝正式设立了“裁判制”的试点门店。总部向几个门店派出裁判，通过巡视的方式进行考核。为了防止裁判作弊，保证结果的公平公正，裁判的吃住行都由总部承担，和门店没有任何瓜葛。除此之外，一旦裁判作弊，就会被彻底除名，以保证结果的准确性。当然，这些裁判并不是普通人，是从西贝全国多家门店中精挑细选出来的，每季度选取100人，从厨师长到档口组长再到高级师傅，都是经验丰富的员工，之后会经过总部的训练。在担任裁判期间，他们基本上不用从事其他工作，专门做好这一件事。

为了防止门店有所准备，裁判在到一个门店之前不会提前通知，而且避免在同一地域中巡视，比如上海的裁判会被派到北京，深圳的裁判会被派到广州。

那么，裁判究竟要考察什么呢？裁判的考察内容通常分为顾客体验、团队建设、菜品标准化落地、值班管理、食品安全、品牌执行、安全保全等方面。这些考察内容会下发给门店，所以对门店来说相当于“开卷考试”，但正如大家所知的，开卷考试的题目会更难。比如对店内环境的考核，要求台布的每边下垂10格（西贝一直沿用经典的红白格子台布），只要铺歪了就会扣分，工作服和台布上有脏污也会扣分，对厨师会要求更严格一些，每天需要换两套衣服，早上到店穿一套，下午开餐前换另一套。

随着裁判制的深入推进，考察的内容越来越丰富，考核标准也越来越严格。为了防止裁判跟门店混熟，每隔一个半月裁判员就会被重新打乱。另外，由于巡店的时间毫无规律，任何门店都无法提前“备考”，只能平时就做好一切工作。为此，很多店长和员工都会保持“高度警戒”的状态，随时迎接检查。

宽容文化：奖励先进者，不惩罚落后者

那么，当裁判评判出了结果之后，总部将会采取怎样的应对措施呢？准确地说，总部只进行奖励，并不进行惩罚，而奖品就是牌照。打个比方，如果门店获得了A+的成绩，就相当于两个A，再得到两个A就能获得一张开店牌照，也就有了开分店的权力，所以各个门店争夺的焦点是牌照。如果一个门店总是成绩低迷，就永远得不到新的牌照，也就失去了扩大经营的机会，这对于那些力争上游、以升职为目标的干部员工来说是无法接受的。

西贝在推行“裁判制”以后，店长受到了很大的激励，因为他们既希望为西贝扩大门店，又希望给予下属开设新店、展示才干的机会。有了这种公平公开的制度保证，西贝的扩张再次提速。

值得一提的是，裁判们虽然会指出门店存在的问题，但不会对其进行任何惩罚，只会对先进者进行奖励，通过这种落差来督促落后者。这也折射出了西贝特有的企业文化：对员工宽容，在宽容中激发员工的斗志。

裁判制的引入，等于为贾国龙增添了一双监督的“眼睛”。毕竟，作为掌门人，贾国龙不可能对全国的各个门店进行巡视，即便是分部的主管，也没有这么多精力去抓一线的现场细节。为了避免出现中高层管理者对门店真实运营情况陌生的情况，裁判制应运而生。

对各位店长和员工来说，裁判的存在也并非只代表着压力，他们来到门店检查也是来慰问大家，不会在现场就某个问题提出批评，某种程度上连接了高层和基层，起到了沟通的作用。另外，如果贾国龙想有目的地了

解什么，就先立项，然后传达给分布在全国各地的裁判，比如了解最新的门店员工数量，裁判通过专项检查就能精确统计出相关数字。

从这个角度看，西贝推行的裁判制称得上中国餐饮业的一大创新。

团结增效：压力传导促进集体主义精神凝聚

裁判制让各个门店成为一个紧密的整体，一损俱损，一荣俱荣，团结性更强，因为谁都不想让自己所在的集体蒙羞，会不遗余力地投入到比赛中——既是为了利益又是为了荣誉。比如，在检查中有“菜品在传菜台不能停留超过一分钟”这个考核项目，而现实情况是单靠服务员很难满足这个要求，所以门店的其他员工会主动帮忙。这能促使整个门店的工作效率和团队氛围达到最佳状态，人与人之间的关系也更加密切了。

在裁判完成任务回到原部门以后，因为熟知比赛的规章制度，会在工作中指导大家怎样做得更好，从而直接推动提升整个门店的运营水平。更重要的是，裁判经过这种高强度的锻炼会快速成长，成为西贝的宝贵财富。

贾国龙认为，通过借鉴竞技体育的玩法，将门店变赛场，让员工变成运动员，既能增加工作的乐趣，又能提高员工的积极性和门店的运营效率。当然，对自律性很强的西贝人来说，裁判并不是在监督自己，而是在给自己的努力付出一个客观公正的结果，而这正是他们日夜奋斗所渴求的。

◆ 把利分给奋斗者

2018年9月26日，海底捞在中国香港上市，市值顿时达到上千亿，成为当时餐饮界的热议话题。于是，很多投资机构找到贾国龙，鼓励他带领西贝进入资本市场。当时，餐饮业拥有价值4万亿元的大市场，年增速达到10%，形势一片大好，在这些投资机构看来，旗鼓相当的西贝不应该放弃这个机会。然而贾国龙没有表态，最后在朋友的逼问下，他说出了心里话："把利分给奋斗者，西贝永远不上市！"

对资本说不：西贝最有价值的是人

贾国龙的这句"永远不上市"，让人们看到了华为的影子。不过，两家企业无论在经营内容还是社会使命上都有很大不同。放眼国内市场，有一定知名度和影响力的企业，确实大部分都走上了上市之路。西贝拥有几百家门店和2万多名员工，每年差不多有50亿元的营收，无论是真实实力还是社会口碑都令人羡慕，不上市确实让人想不通。

当然，海底捞上市有它自己的理由。海底捞的口号是"双手改变命运”，重在一个“变”字，而进驻资本市场就是形态上的最大变化，赋予了干部员工改变命运的最大可能。至于西贝，因为奉行的是“把利分给奋斗者”，重在一个“分”字，自然就不宜让外部资本介入。简单地说，西贝的事业理论核心是“成就奋斗者”。

为什么西贝要成就奋斗者，而不是成就品牌或者产品呢？因为西贝上上下下统一了一个观念：人是西贝最宝贵的资源。正如贾国龙所说：“西贝的产品不是菜，是人！我是把每一个员工当产品来思考的：每个人来到西贝之前什么样，来到西贝之后变成什么样。西贝就是要把每个原本普通的产品塑造成精品。”

要想成就奋斗者，就不能简单地分给他们金钱。这是一种施舍，而非成就。所谓成就，应该是指唤醒奋斗者身上潜藏的综合实力，让他们在西贝这个舞台上有展示才华的机会。有了机会，自然就有了丰厚的物质回报。

西贝曾经有一位50多岁的阿姨，之前是唱戏的，后来贾国龙发现了她身上的潜质，劝她放弃老本行，开始学习管理。几经打磨之后，她竟然变成了能独当一面的店长。然而此时“成就”过程还没有结束，又经历了几年，这位大龄店长晋升为几十家西贝门店的分部老板，年收入高达数千万元。

像这样颇具传奇色彩的个人奋斗史还有很多：有从底层干出来的厨师，在西贝改变命运后一步步晋升，最后拥有了幸福的家庭；有因为创业陷入人生低谷的媒体人，在西贝时来运转，如今成为负责数字化和新餐饮布局的核心力量……从这些真实案例中我们可以发现，西贝不上市，是想把更多的精力和资源倾注在自己的干部员工上，避免因为外部资本的介入失去一定的主导权，这样才能把“成就奋斗者”的良好风气持续地传递下去。

作为一个商人，贾国龙能够抵御资本的诱惑实属不易。这不仅是贾国龙自身经营哲学和做人境界的体现，还是他长期观察和思考的结果。有一次，贾国龙和高管们讨论了一个问题：到底是人还是资本推动了西贝的发展？经过一番讨论之后，大家一致认为人的作用更大。因此，在有人劝说西贝上市时，贾国龙能够不为所动，是因为他早就意识到了人的决定性作用。

因为重视人才，贾国龙才敢喊出"西贝快餐项目要开10万+店！"这个响亮的口号。这是因为有人就有优质的服务；有了优质的服务，就能吸引大批的顾客；拥有了顾客，就占有了市场。所以，"10万+"并非不可能完成的任务，只需要找到并培养一批与西贝三观相同的人，这些人必须符合一个条件：是奋斗者或者有奋斗者的基因。

西贝的规模扩张和巩固并不需要大量的资本介入，甚至可以说，当人和资本之间的联系过于紧密时会引发很多负面效应。对此，贾国龙不无感慨地表示：那种依靠入股就能够永远分红的人是"食利者"，他们坐享其成，不会真正参与到企业的运营中，也无法激励其他人与企业共同奋斗。按照这个逻辑，贾国龙把自己定位成了"食利者"，所以他每年都会把自己的分红作为对员工的奖励分出去，让那些坚守在一线的奋斗者看到更多的希望。这是一种超前的经营哲学，也是一种朴素的道德境界。

善于分钱：财散人聚是西贝持续扩张的"核动力"

贾国龙经常说："当代中国，很多富人优越感过强。西贝要善待劳动者，通过先富帮后富，实现共同富裕。"贾国龙分析的是国情，在管理西贝时也是这么做的。贾国龙还说了一句大实话："就像你爱一个人，付出多少爱都行，把财产分一半给对方试试？分钱难，只因一个字：贪。"相信这句话让不少喜欢在口头上给员工分钱的老板感到汗颜。热爱自己的员工，永远要体现在具体的利益分配上，而不是红口白牙地许诺出一座座金山。

对于贾国龙的这种观点，外界一直有一种说法，叫作“西贝的分钱艺术”。这是让利奋斗者的商业化称谓，也成为一些有志做大做强的企业学习的方法论。

第一，先分钱再赚钱。

西贝一直认可“善于分钱才能赚钱”的经营哲学，这不禁让人想起贾国龙的早年经历。那时候他家里的经济条件还不错，手里有了闲钱就会和身边的人分享，从中我们就能窥见他对金钱的超然态度。经营西贝30多年，贾国龙一直强调用价值分配拉动价值创造。

现在有些企业很喜欢给员工“画饼充饥”，具体套路是先让员工拼命付出，再根据结果给员工分钱。这看似是在激励员工，实际上忽视了结果并不能完全由员工个人来决定的现实，缺乏对员工所获利益的必要保障和诚恳的态度。那么，贾国龙是如何做的呢？他认为应当先把分钱的规矩定下来，让员工知道最终能分到多少以及没有达到预期时能被托底多少，这样才能让员工一门心思地投入到工作中。

西贝在山东的一家分店，执行了“先分钱后干活”的原则。按照餐饮界的规矩，一般餐饮企业会在闭餐后统计销售情况，等到第二天发提成。然而这家分店反其道而行之，每天早岗时会先发提成，如每份10元，平均每人销售12份，然后让大家拿着分到的120元钞票拍照，再制订当天的奖励标准，比如排名第一能再拿到100元，排名第二只能拿到5角钱的硬币，第三名给大家买奶茶。结果一天下来，该门店总会创造出新的销售纪录。

第二，拒绝“精打细算”。

西贝一直遵循“要想好，大让小”的分钱原则，这又是怎么一回事呢？有一次，有人质问贾国龙：“基层员工月薪的市场价是5000元，为什么西贝给6000元？”言外之意是西贝不遵守市场法则。贾国龙回复：“你给了员工超出市场价的6000元，员工自然会非常高兴，情绪高涨就能干出7000元的工作来。”

所谓的“大让小”，就是对基层员工好一点，因为他们是深度接触顾客的人，每个员工都肩负着塑造西贝品牌的重要作用。如果在他们身上精打细算，省的是小钱，亏的是大钱。所以贾国龙一直强调：“人都是有良心的，多给两个亿，没准给你干出四个亿，至少干出两个亿，不会让你多掏腰包。设计待遇、福利时陷入精算逻辑，累死你，你能算得过两万多名员工吗？”

西贝有一位高级副总裁，之前是西贝一家大门店的总经理，在奋斗6年以后为门店贡献很大，贾国龙就把这个店15%的股份送给了对方，后来因为经营原因总部收回了这家门店的股份，把15%的股份变现后的600万元直接打到了这位总经理的账户上，让对方甚为感动。他之后一直留在西贝，后来又为菜品标准化做出了重大贡献。

“大让小”是一种境界，更是一种明智的选择。你在算计别人的时候，别人也在算计着你。你通过压榨对方看似省下了钱，然而对方总会通过某种方式把你欠的东西要回来。

第三，投资未来。

舍得花钱，不仅体现在舍得把钱花在员工身上，还体现在舍得把钱花在未来身上。很多企业舍不得搞前期投入，就是因为回报周期长、投资风险大，所以在经营上陷入了保守，在管理上走向了抠门，从长远来看折损了企业的竞争力。但是西贝不同，从2015年到今天，贾国龙一连搞了西贝莜麦工坊、西贝燕麦面、麦香村等项目，前后耗时几年，投入几千万元，更是调用了大量的资源，看起来是在“烧钱”，但西贝成功的快餐项目也是这样做起来的。这些钱贾国龙没有用在个人享受上，而是毫不手软地大胆探索，这本身就是一种奋斗者精神的体现。毕竟，试错也是一种成功，因为它会告诉你哪条路走不通。这就像当年爱迪生做灯丝实验一样，体现出了一种严谨的求知态度。

让利给奋斗者，并不是搞平均主义。只要涉及分钱，就很难做到绝对公平，所以一些企业为此放慢了分钱的步子，不是舍不得，而是怕分钱分出乱子，然而这种保守态度仍然背离了与员工互赢互利的基本原则。贾国龙没有畏惧，西贝没有畏惧，对于奋斗者，如果不能给予他们对等的回报，这个企业注定看不到发展壮大的希望。

◆ 如何让两万多名员工自我驱动

推动企业发展的是员工，员工需要被激励，也需要被鞭策，但是这些都是外力。如果没有外力，员工是否也能完成这些目标呢？其实这才是检验一个企业人才管理能力的核心。

西贝在人才管理上很有一套，贾国龙不是顶级大厨，却是一把组织建设的好手。这种看似不专业的专业，恰恰造就了西贝在人才管理上的独树一帜。在西贝只有几百人的时候，或许贾国龙还可以每个店都走走看看，做做指导，但是在西贝拥有了2万多名员工以后，别说贾国龙一个人，靠店长和各部门的经理也无法完成对下属的全面管理，唯一的出路就是让他们实现自我驱动。

如果说海底捞凭借超出顾客预期的服务成为中餐的佼佼者，那么西贝依靠的则是用细心周到的服务黏着顾客，而这背后体现的就是员工的自我驱动。

驱动程序：从意识上唤醒，从行为上促进

西贝的基层服务员大多年纪轻轻，不少人缺乏相对丰富的社会经验，

在面对顾客、同事以及领导的时候，难免会做出一些比较幼稚的举动。当然，这种幼稚有时候可以被看成叛逆，这是大多数年轻人的必经阶段，对此西贝表示理解。不过，叛逆虽然符合人的成长规律，但必要时要进行一定程度的约束，否则就会影响门店的正常运营效率。

西贝曾经有一位叫小许的传菜员，在岗位上经常上演“失踪大戏”：让他去传菜，过了一会儿就找不到人影了，他要么跑到库房里玩手机，要么在别的楼层找老乡闲聊。如果是其他品牌的门店，对这种员工通常会进行批评加罚款，屡教不改就只能让其卷铺盖走人了。但是，西贝并没有采用这么简单粗暴的办法，因为单纯的惩罚手段只能在短时间内产生效果，时间一长，年轻人的叛逆心会越来越强烈，甚至不顾一切地和门店对着干，所造成的损失往往是难以估量的。

在分析了年轻人的叛逆特点之后，小许所在门店的店长采用了引导的办法教育他。他知道小许看起来叛逆调皮，但还是非常聪明的，因为他能摸清门店的底线。每当小许“人间蒸发”时，店长不会大吼大叫，而是会用发布“通缉令”的办法提醒小许，还给他找了一个负责的部长手把手教他，让小许意识到门店是如此器重自己。于是，小许开始改掉坏毛病，最后参加了训导师考核，半年后变身为储备店长。

把落后员工变成预备干部，并不单纯依靠好脾气和耐心，也需要准确识人与合理用人的技巧。发现每个人身上的弱点和突破口，这样才能在挖掘对方优点的前提下促使其逐步改正缺点。在这个过程中，员工将会重新认识自己，也会重新认识西贝。

调教员工只是唤醒员工工作热情的第一步，第二步就是赋予员工更强大的动能，这就是近几年人们经常谈论的“赋能”。赋能并不是给员工“打鸡血”，而是通过合理的方式激发他们的工作热情并将其培养成为一种习惯。对此，西贝采用了闯关模式。

什么是闯关模式？就是不要给员工设定一个难以完成的大目标，而是像电子游戏那样，一点点增加难度，通过由浅入深的方式让员工逐渐增加职业技能。具体做法是从一个小目标开始，后面的一个比一个难，但也伴随着不同的奖励和惊喜，这样员工就会逐步获得攻克难关的自信和勇气，能为了完成通过努力就能实现的目标持续保持工作热情。西贝将员工管理做到这种程度，真的是把员工当成亲人了。

赋能是一个相对漫长的过程，员工可能会成长，也可能会犯错，关键不在于他们做错了什么，而是因为什么做错，这正是西贝在人才培养方面最看重的内容。所以，西贝奠定了鼓励员工在错误中成长的总基调，因为贾国龙认为人只有在试错中才能快速成长，正如当年他亏损了200万元那样。

容许员工犯错，听起来容易，但做起来很难，因为企业要承担相应的犯错成本。一次，西贝一个店长已经申请了营业执照，正在走流程，可是她着急盈利，拿到营业执照之前提前开业，结果被罚款100万元。西贝不仅没有责怪这个店长，反而痛快地交了罚款，从来没有说过一句重话。放在别的企业，即使不让这个店长赔钱，至少也得将其开除，西贝却本着培养人才的态度继续留用，结果如何呢？

就是这位"坑"了西贝的年轻店长，经过几年的摔打和磨炼，如今已经开了4家新门店，一跃成为西贝的标杆人物。从中我们可以发现西贝的用人思路：人从错误中能学到更多的东西，如果这个错误企业能够承担，不妨就对犯错的人宽容一些。就拿这个店长来说，你把她开除了，那100万元的罚款真的就白白缴纳了。重新找一个店长，一切还得从头教起，之前的培训成本都变成了沉没成本。

西贝这种心怀大度、站位高远的人才培养思路，确实是用真金白银换来的。从另一个角度看，替犯错的员工兜底，其实也是一种人力赋能，是在意外情况下激发员工斗志的手段。有一句话叫“合理的部分是理性，不合理的部分是人性”。理性是可以用指标衡量的部分，比如员工能否吃饱、穿暖、住好等；而人性就涉及复杂的心理需求，很难用指标衡量，比如员工是否快乐地工作、是否有成就感等，这需要管理者设身处地为员工着想，从理解人性的角度出发，而不是单纯地质疑和批评。西贝，就是同时抓住了理性和人性，双管齐下开启了独特的员工养成路径。

团结一致：唤醒一个集体将产生无限动能

西贝有一家门店因为选址不好导致客流稀少，为了招徕顾客，该门店想要张贴路标，但是需要经过物业同意才行。为此，西贝这家门店的店长和员工制订了疏通人际关系的计划，只要物业一有事情，大家第一时间响应，不管是卫生检查还是消防安全检查都能顺利通过。几个回合下来，物业最终允许西贝在地下停车场、电梯和扶梯等位置贴上Logo，初步解决了客流稀少的问题。不过，还是有人因为看不懂路标而与西贝擦肩而过，为此店长和员工再施一计。他们纷纷出动，把一大堆餐券赠送给路径上所有店铺的导购，让他们享受力度很大的优惠折扣。有些导购原本对西贝没什么兴趣，但是西贝的员工劝说他们将餐券赠送给亲友，一来二去，这些店铺的导购就成了西贝的“编外人士”，西贝发给他们的餐券成了“社交利器”。自然他们也愿意回报西贝，遇到有顾客询问西贝的位置时会痛快地指路，这家门店从此客源不断。

这个选址不佳的门店，如果没有店长和员工的齐心协力，可能在第一个回合就倒下了。然而他们不断发挥聪明才智，从人性的角度出发，没有耗费多少成本就实现了和物业、其他店铺的互帮互助，保证、维护了西贝的利润和声誉。

为什么西贝上下能够团结在一起，合力解决问题呢？因为他们是在其乐融融的氛围中成长的，每前进一步，都有身边的人帮助他们，所以他们懂得发挥集体智慧的价值，也不会计较是公是私这样的问题，只要西贝有难就会迎难而上。最重要的是，每个门店的店长都不会用道德绑架的方式要求员工如何如何，而是以身作则，用自己的热情去带动大家，让大家看到店长冲在了第一线，从而自发地为其分担压力。

西贝为员工设立了良好的成长机制，让他们愉快地接受改造，出人意料地成长，同时又给员工营造了和谐的团队氛围，让他们并肩战斗，风雨同舟地应对困难。随着西贝门店的逐步扩张，未来会有更多的员工被激活和唤醒，他们的自我驱动将发挥更强大的威力，而这正是西贝的“人力调度之魂”。

◆ 把优秀员工"一网打尽"

西贝善于调动员工的工作积极性，也能激发一些原本落后员工的潜能，这是对员工进行"驱动"的结果。当然，除了驱动之外，西贝还需要学会合理地选拔优秀员工，因为有的岗位需要特定的人，不是简单依靠驱动就能让任何人直接上场的。

挑选人才是企业管理中的重要工作，也是一个难点，因为有些人就像"赌石"中的石头，不到最后剖开石头的时刻管理者是无法确定其真正实力的。那么，如何避免在选拔人才的过程中浪费不必要的时间和精力呢？这就需要管理者像伯乐识别千里马一样，掌握一定的知识和技巧，同时在实践中不断积累经验。

在人才管理上，有些企业的干部存在私心，一旦发现某个下属能力超过自己，就不会给对方晋升的机会。这种做法体现出了人性的弱点，也从侧面体现出了企业对管理者的教育不够，没有让他们把企业的发展当成自己的事业去经营，而是把企业搭建的平台经营成了名利场，自然每天都会上演《甄嬛传》或者《三国演义》。

有一个叫小枫的员工，放羊娃出身，在西贝的华北央厨工作。从表面上看，小枫是一个青涩的农村孩子，没有什么眼界和职业背景，但是他在工作中逐渐展示出了才干，被领导看中。就在这时，小枫从人力资源部那里得知，他们参加培训时获得的积分能够用于出国深造，于是决定争取这个资格，让自己开阔眼界。小枫的领导对此表示了支持，最终让他有了出国游览和学习的机会。如果领导怀有私心，不想无故失去一个得力帮手，或不想让快速成长的小枫威胁到自己，那么小枫的心愿自然很难实现，未来的成长空间就会受限。但是西贝的管理者能够抛开私心并敞开胸怀，这就让他们找到了更多不可多得的人才，也就给西贝的发展前景增添了无数可能。

在任何一个企业中，人才永远是最宝贵的财富。这是企业必须灌输给管理者的基本认识。有时候选对一个人就可能会救活一个企业，改变的是大家的命运，因此任人唯贤从长远来看是符合集体利益的。但是，当管理者不能很好地理解这个逻辑时，企业就需要创造一个适合发现并培养人才的有利环境。

贾国龙多次在公开场合强调，西贝的产品只有一个，那就是人。西贝重视人的作用，总是站在员工的角度替他们着想，不仅仅是为了让员工给西贝创造利润。在西贝的管理层内部，总会讨论一个话题：对一个员工来说，最大的成就是什么？如果你曾经带过的员工离开了西贝，他有没有获得更好的能力？能不能在离开西贝之后工资多翻几番？或者谋求到更高的职位？

管理者本不该对已经离职的员工还存在牵挂，但是西贝的管理层的确这样思考过。这说明西贝没有将员工单纯地看成劳动力，而是把他们看成可以塑造的种子，每个人都有可能成为优秀员工，西贝的管理层对他们负有直接的责任。归根结底，西贝对产品的思考经常聚焦在对人的思考上，因为产品就是人，好产品需要优秀的员工去呈现。

精英选拔：平台比机会更重要

很多人会觉得，一个人是否能成为人才，和自身所处的时代和环境有关，也就是和机遇有关。道理没错，但是如果把机遇归结为人才展示自我的唯一途径就显得狭隘了，毕竟机遇带有偶然性，企业如果只依靠在危机时刻选拔人才，未免惨了点。企业最合理的挑选人才的途径是给员工提供平台，有平台就有机制，有机制就有保障，这时候发掘人才要容易得多。

西贝有一位21岁就当上部长的年轻人，他是这样评价西贝的："去其他地方打工，不过是打工而已，但来到西贝，我感觉自己有了一份事业。"21岁就能做到这个位置，绝对是餐饮界的人才，但是他在别的地方只是抱着打工的心态，真正的才华没有展露出来，老东家自然也没有重用他。然而到了西贝，他就"突然"变成了人才。这就是在不同的平台展示出不同的能力和价值的典型案例。

伯乐能够识别出千里马，给予千里马日行千里的机会，伯乐对千里马来说就相当于一个发迹的平台。如果千里马遇不到伯乐，很可能就会沦落为一匹普通的马，永无出头的机会。

前面我们讲过，西贝通过内部培训去锻炼和塑造人才，这其实是一种选拔和培养机制。除此之外，西贝还通过常态化开展员工评选活动找寻人才，比如设置"明星员工""忠诚员工""功勋员工"等奖励项目，就是以不同的人才属性为切入点，找到所有符合西贝企业愿景的合作者，而他们正是西贝寻找的精英骨干。

选拔优秀人才，需要给所有人提供可能的平台。每个西贝管理者都十分爱惜人才，一旦发现某人具有潜质，就会不遗余力地推荐，而且他们会抛开一些世俗观念，比如以貌取人，通过衣着谈吐判断人等等，毕竟人才本身是多样的。

“识得金镶玉”是每个企业必须重视的管理内容，也是很多管理者的实战必修课。西贝通过打造良好的人才生态系统，把所有人放入一个适西贝自身特征的环境里，在特定的范围内精挑细选，耐心培养，这才减少了选择人才时的试错成本，也能在客观上吸引更多的人才加入进来，因为他们相信：是金子，就一定会在西贝发光的。

◆ 西贝大学帮助伙伴们成长

培养人才，可以从实践入手，但这么做毕竟承担着一定风险。新员工在工作态度上的不端正，可能会给顾客带来糟糕的就餐体验，也不利于新人系统地学习西贝的企业文化。在这样的客观需求下，西贝大学应运而生。

很多新人初到西贝大学的时候，对这里是比较反感的，因为进入“大学”意味着要背负繁重的学习任务，这让很多早早进入社会的员工比较排斥。但是经过一段时间的学习以后，很多人改变了看法，有一位学员是这样描述的：“来西贝大学之前我心里对这里有些排斥、反感，但是当我真正来西贝大学体验后，我收获的不仅仅是专业知识，还感受到了团队的力量以及来自伙伴们的关爱。今后我会注重团队协作，和我的伙伴们一起成长、共同进步。”

保持企业文化：全世界唯一不传授技能的“大学”

早在2004年，西贝就创办了西贝美食艺术学校，十几年以来培养出大批优秀的学生。这所学校既能对接企业，又能和地方政府合作，成为职业教育的一面旗帜。随着时代的发展，西贝美食艺术学校已经不能满足西贝对人才的需求，于是诞生了另一所西贝的“黄埔军校”——西贝大学。

从2015年开始，西贝进入了“10年扩张”阶段，门店越来越多，用工需求与日俱增，西贝不得已进行了外部招聘。这样一来，很多职业经历不同的员工汇聚到了一起，有的来自工厂，有的来自煤矿，很多人甚至之前都没有接触过餐饮行业。这些新鲜血液带来的新鲜文化，会从侧面冲淡西贝原有的企业文化。如果企业文化发生变化，直接影响的将是顾客的就餐体验。为了解决这个问题，2015年6月，西贝大学正式运行。

和一些企业的内部大学不同的是，西贝大学其实并不教授职业技能，这里只做两件事：一件事是调整学员的状态，另一件事是激发学员的潜能。从这个角度看，西贝大学和企业的培训部很像，不过它更关注文化层面和个人成长层面，不带任何功利色彩，这种学习氛围容易让新人快速融入西贝。有人曾说，在西贝大学，新人才真正开始成为西贝人。

那么，西贝大学的培训课都有哪些内容呢？在为期三天的培训中，学员主修三门课程：征战沙场、扫除力以及线中球胜。“征战沙场”以军训为主，培养学员遵守纪律的意识；“扫除力”可强化学员对清洁卫生的追求；“线中球胜”讲述如何凝聚团队。当然，除了这些课程，还有一些有关自我认知和分享的课程，学员在学习中有什么心得体会或者疑问，都可以和导师沟通，也可以和同学们探讨。

那么，西贝员工需要的专业技能要去哪里学习呢？贾国龙把西贝的培训内容分成技能教育与素质教育两部分，西贝大学负责素质教育，门店和分部负责技能教育。简单地说，西贝大学对新人的选拔，看中的是基因，而不是其已经掌握的知识和经验。不少西贝管理者认为，那些在门店中被淘汰的员工，其实是基本素质不过关，这样的员工很难成长为真正的西贝人。

那么，西贝强调的基本素质到底是什么呢？这就是西贝内部著名的“五大素养”：勤快、认真、踏实、干净、喜悦。在西贝管理者看来，这些都是基本素质，很难通过培训进行改变，所以如果在培训期间发现某些员工不能达标，那么他们就不适合在西贝工作。于是，在西贝大学里，导师、班主任和助教会随时拿着行为记录表默默记录学生上课或者劳动时的状态。如果发现有学员偷懒或者反应迟钝，他们就会将其认真记录下来并进行反馈。如果新人接连犯错，不知道改正，那就会被淘汰；如果是老员工，则要把情况反馈给所属门店。

西贝大学的培训十分严格，采用的是全军事化管理。如果学员想要从A地到B地，就必须找一个同伴，这是在培养他们的团队合作精神。另外，在学习期间学员不能离开校园，无论是见到老师还是同学，都必须说“I love you”；如果被发现在学校里抽烟，会被直接淘汰。当然，学校里也有温情的一面，比如有学员在上课时觉得身体不适，导师会带着他去休息，公共食堂里还准备了剁椒、大蒜等丰富的调料，以满足学员们在口味上的不同需求。

全员联动：人人都是西贝大学毕业生

在西贝的门店和分部有一项规定：工匠、厨师等岗位，在入职14天之内必须到西贝大学完成第一次学习，完成以后每年最多可以再回来继续学习两次。之所以让老员工也能回到西贝大学学习，一方面是为了持续提升他们的职业素养，另一方面是为了让老员工带动新员工。比如，在乘坐大巴去大学的途中，为了活跃气氛，组织者会让全车的学员进行才艺表演，老员工镇定自若，新员工会有些矜持和紧张，但是会在老员工的带动下渐渐放开。

这种新老交替、新老融合的学习氛围，构成了西贝企业文化的一部分。位于鄂尔多斯的内蒙古西贝美食艺术学校，每年会有四五百名学员毕业，在学员被分配到各个门店之后难免会有认识的校友，这种“大家都是熟人”的感觉会进一步强化西贝的大家庭感。

由于学员中新老员工都有，西贝大学分别开设了“新人班”和“老人班”，很像是全日制学校中的高低年级。两类班教授的内容其实是一样的，不过形式上略有差别：对于老员工，主要是提醒他们怎样做好一个西贝人；对于新员工，要帮助他们从普通人转化成西贝人。

除了老员工需要进修，西贝的管理层也要参加学习。由于西贝大学不讲授专业知识，和西贝各个分部、门店的沟通不畅，故一些管理者对员工所学内容并不清楚，从而在客观上影响了和基层员工的交流。2017年，贾国龙做出决定：让所有的分部负责人和公司的总裁、副总裁们都到西贝大学上一次新员工课程。经过几天的培训，管理者们终于理解了西贝大学的意义在于发现员工积极向上的一面，于是不少人根据自己所在部门的实际情况对课程提出了建议，从而能更有针对性地培养新老员工的基本素养。

为了进一步扩大学习成效，西贝还专门组织人去华为考察，后来研发出了“梦想起航”课程，对门店店长、厨师长和服务经理进行培训。他们号称“门店三剑客”，收入较高，作用重要，但是随着生活逐渐稳定，他们可能不会再像年轻人那样热衷于畅想，研发这门课程就是为了激发他们身上沉睡的热血和激情。

对新员工来说，在西贝大学的经历不过是在西贝成长过程中的一个小片段，无论在这里是得意还是失意，最终还是要看未来的发展。西贝大学所给予他们的最重要的东西是塑造了他们一颗坚韧向上的心，让他们找到了一群相亲相爱的伙伴。这些温情会让他们在日后克服工作中的障碍时增添更多力量。对老员工而言，到西贝大学学习是他们重塑自我的宝贵机会，是在西贝成长一段时间后的自我梳理，也可通过接受再教育激发更多的潜能。对于管理层，他们通过了解西贝大学的学习内容和学习环境，能找回当初与西贝相遇时的激动、憧憬和迷茫，让他们更好地了解当下的新老员工，与时俱进地更新管理方法。

在西贝大学，人人是绝对平等的，地位、资历、能力和背景都被暂时搁置在一边。他们之间唯一的联系是“一起学习和成长的小伙伴”，这就打破了西贝内部的壁垒，让全员联动起来，进一步强化了“志同道合”。这让西贝大学成了连接他们的纽带，也成了展示西贝精神和企业文化的圣地。

第七章

紧箍咒+金箍棒

◆ 西贝的合伙人计划

不少人在看了电影《中国合伙人》之后，对以俞敏洪为原型的三人帮的创业故事有了深刻的体会。这种商界的桃园结义，称得上是现代创业故事的样板。

“一个好汉三个帮。”企业要想做大做强，单靠几个领头人的能力是不够的，也不能仅仅依靠执行层面的员工，企业最需要的其实是能够并肩作战的合伙人。只有站在同样的高度，才能拥有同样的视角，为企业出谋划策时才会更有针对性。可以说，企业中有多少志同道合的合伙人，决定了企业能走多远。

中国的阿米巴：西贝的超级员工养成计划

日本放送协会（NHK）曾经播放过一个电视节目，讲的是植物对光线能够产生反应是因为植物体内有感受器，所以一直向阳。科学家还做了一个有关植物对声音刺激的实验，在植物的叶片上面安装类似测谎仪的装置，然后给植物播放音乐，当人们改变音乐类型之后，波形发生了变化，说明植物对音乐是有感受能力的。后来，NHK的记者在美国的一个农场里看到，农夫一边开着拖拉机施肥，一边播放古典音乐，记者问农夫为何要这么做，农夫说："施肥时播放音乐，产量会增加20%~30%。"植物尚且如此，那么比植物构造更复杂的人类，只要给予他们一定的外在刺激，就能让他们爆发潜力。

日本"经营四圣"之一的稻盛和夫开创的阿米巴模式，让每个员工、每个团队都能自成组织，通过内部定价和竞争的方法将安于现状的打工者变成心怀创业梦想的经营者。

在稻盛和夫执掌的京瓷推行阿米巴经营模式后，很多曾经位于底层的小时工竟然也成长为了公司的中坚力量。她们往往是一些家庭主妇，却也拥有一定的理财意识。在阿米巴模式推行之前，她们只会被动地接受命令，但是经过阿米巴理念的洗礼之后，她们能够在工作现场提出解决方案，为组织增加利润收益。难怪稻盛和夫说："每一个员工都是京瓷最重要的合伙人，他们为京瓷的发展提供了足够多的帮助，而京瓷的发展也为他们带来很多机遇。我们是一个整体，缺少了任何一方，另一方都不会取得成功。"

让每个员工都爆发出潜力，并不是指领导者要将所有工作都交给手下，而是要让每个人都能得到授权，充当决策者和责任人。当他们的工作出现问题时，领导者才有权批评教导他们，帮助他们及时改正错误。

或许西贝也参考了阿米巴模式，所以才信心十足地推出了"合伙人计划"。这个计划有四大显著特征，对西贝的发展起到了重要作用。

第一，利益绑定。

每个合伙人都是西贝的股东。当然西贝目前没有上市，这里所说的股份是内部股份，和华为类似。每一个加入股东团队的合伙人，都会和贾国龙代表的总部成为利益共同体，拥有很大的自主权。除了用金钱进行绑定外，西贝还会用荣誉进行绑定。西贝的分部和支部都是以总经理的名字命名的，比如张三分部、李四支部，等等，用这种方法能够激发分部和支部的荣誉感，毕竟用自己名字命名的团队出了问题是很丢人的。

第二，地域自由。

西贝在不同的门店成立了创业分部，每个分部都可以被看成西贝的创业合伙人，都有分红的权利，经营权也相对自由，可以根据实际情况自由选址，从而激发更多人的创业想象力。西贝的这种开明思维，其实也是在顺应企业扩大后的现实需求：每个合伙人的经验、人脉都不同，强令他们在固定的地方开店，会限制其经营能力和竞争能力的发挥，只有赋予其较高的自由度，他们才能带领团队走得更远。

第三，牌照通用。

为了方便更多合伙人加入，减少创业成本，西贝采取了一张经营牌照多人使用的策略。曾经有一个广州的创业分部业绩较差，按照西贝的规矩要被拆分，但是团队负责人不想大家分散开，提出了将整个团队迁移到上海的请求，最后总部同意了。结果如何呢？这个团队在上海新开了一家门店，很快扭亏为盈，从全国总排名倒数第二一跃成为正数第一，创造了单店一千万元的营业额纪录。

第四，“温室”保护。

创业分部能够取得惊人的成绩，和总部大幅度放权有着直接关系。按照规定，他们只需要交给总部60%的利润即可，剩下的40%可以分红，也可以作为创业的后续资金。不过，西贝为了让每个管理团队在开店初期享受“新手村”待遇，会在开店的前三个月承担所有的资金成本，从而避免了资金链断裂的危险。当然，这种“庇护”只会维持三个月，三个月过后必须实现盈利，总部则要实现资金回流，以确保投资期限维持在可控的时间内。

让员工变成经营者的合伙人，可促进他们自我意识的觉醒，让他们勇于承担责任。事实上，“合伙人计划”为西贝贡献的不仅仅是高生产效率，还有高意识层次的干部和员工。在传统的雇佣体制下，员工每天的工作状态是在规定的时间内工作，然后领取相应的报酬。在西贝推行“合伙人计划”以后，干部和员工的状态变成了即便牺牲个人利益，也要全力改变企业经营面貌，于是贾国龙拥有了和自己坚定地站在一起的共同经营者。直至今日，其中很多员工都成长为了部门的负责人，成了独当一面的精英。

慷慨让利：财散人聚才能把基本盘做大

“合伙人计划”的核心是对比和竞争，于是有人会担心，这样是否会造成团队内部的分裂和矛盾呢？事实上，贾国龙给“合伙人计划”的定调是“重在相争而不相害”，不互相拆台，在良性竞争中共同进步。

对于分部建立后形成的组织，贾国龙的观点是：允许存在山头，但不鼓励山头主义。山头代表的不是派系，而是业务和经营的独立，该争取的必须争取，这就是西贝独有的价值观。为了培养良好的内部竞争氛围，西贝将“比、学、赶、帮、超”当成执行原则。

西贝之所以重视合伙人，是因为西贝的经营逻辑是：不是因为企业变强才导致个人变强，而是个人变强促进了企业的发展壮大，合伙人就是起主导作用的个人的集合。

建立了合伙人机制后，就会不可避免地涉及一个问题：如何划分利益归属？在这个问题上，贾国龙起到了模范带头作用，每年他都会和爱人把自己分红的50%或者更多当成年终奖，发给那些有贡献的团队成员。据不完全统计，仅2018年到2019年这笔奖金的总额就高达7000多万元。

贾国龙认为，只有先将分利的规则制订好，才能让合伙人安下心去做事，否则他们很难全心全意地投入到工作中。当然，为了给员工以持续的物质刺激，西贝会设立各种名目的奖项来驱动每个人，比如在头脑风暴中某人提出了一个被大家认可的方案，这个方案就可能会让提出者获得几万元的奖金。当然，这种超出一般预期的收益，也会作用在合伙人身上，让他们清晰地认识到：西贝回馈给大家的薪资待遇总是会超出市场平均水平或者高于预期的。在这种物质刺激之下，越来越多的人愿意加入创业团队，用更丰厚的回报来证明自身价值。

“要想好，大让小。”这是贾国龙经常挂在嘴边的话。他知道在制订分部竞争的机制以后，有些矛盾是在所难免的。为了避免这种情况，当矛盾产生时，总部会尽可能地分析原因所在，如果一时间难以定夺，会主动承担一些损失，而把利益分给合伙人。

2018年9月，海底捞上市。很多投资机构找到贾国龙，劝他也带领西贝进入资本市场。客观地说，贾国龙被海底捞上市后的收益触动了，但是他经过一番权衡之后，认为不上市的优势更大，因为可以带领合伙人和员工继续在内部竞争而不受外界干预。这就是在苦练西贝的内功，远比上市后制造百万富翁更有吸引力。

贾国龙经过30多年的打拼，明白了一个道理：企业的成功不在于拥有多少资金，而在于拥有多少愿意为它拼命付出的人，所以一定要慷慨让利给奋斗者，并鼓励奋斗者成为合伙人，这样他们才有发挥才能的空间，企业也能走得更加长远，否则单纯为了赚钱而工作实在无聊。西贝的合伙人制度就是不断给企业输氧打气的通道，有了它，西贝才能从里到外永远保持着创业的初心和上进的态度，事业才能永葆青春。

◆ 好员工并不是“管”出来的

企业要想做大，离不开科学的管理方法，它是经营策略实施的根本，因为离开人的作用，任何营销创意都难以发挥。但是，如何进行管理是一个值得探讨的问题。在这个问题上，贾国龙的观点是“带队伍的本质是‘带’，而不是‘管’”。为什么这样说？很多人认为管理企业需要掌握一定的技巧，事实并非如此，与其挖空心思设计一套复杂的管理系统，不如自上而下带领员工一起成长，并给他们设计最合理的利益分配机制。

岗位责任制：强扭的瓜不甜

西贝之前采用的人才管理方法是“岗位职责管理体系”，就是根据岗位职责层层抓落实，上一级管理下一级，比如老板管理高管，高管管理片区负责人，片区负责人管理店长，店长管理主管，最后由主管去管理员工。

很多企业都采用“岗位职责管理体系”，因为它容易理解，也容易执行，但它并不是完美的，因为它建立在压抑人性的基础上。尤其对底层的员工来说，他们身上承担着来自各级管理者的压力，容易让他们感觉自己在企业中位于“食物链底端”，工作没有乐趣可言，对企业没有归属感。另外，在西贝不断扩大以后，新招收的员工大多是“90后”，他们天生就喜欢自由，不喜欢被束缚，采用这种管理方式只能限制他们才能的发挥。

同理，“岗位职责管理体系”对管理者也是不利的。他们为了把管理落到实处，每天都要保持高度警戒，因为下面一旦出现问题，自己就是第一责任人，而且职位越高，承担的责任越大，客观上不断透支着他们的健康和生命。

那么，问题来了，采用“管”的办法能否让企业正常运转呢？从表面上看没什么问题，毕竟这种机制在人类社会内部已经运行了上千年，但是当今社会强调的是人性化管理：顾客需要人性化的服务，员工也需要人性化的工作氛围。让一个人每天专心工作十几个小时，一两个月或许没问题，但如果坚持一两年甚至更久的话就很困难了，而且时间一长必然会让人产生“奴役心态”：你认真管理我的时候我好好表现，你没工夫顾及我的时候我就偷一下懒。那么，这个结果最终由谁来买单呢？顾客。

一旦员工习惯了被动式工作，他们提供给顾客的服务就会是“间歇性”的：管理严格时服务良好，管理松懈时服务质量下降。更有甚者，如果员工和管理者产生矛盾，还会通过消极对抗的方式让顾客的体验感进一步下降，最终损害的还是企业的利益。

“管”的本质是“甜枣加棒子”，通过奖惩分明的方法来驱动员工，但是掌握好惩罚的力度和频率是比较困难的，稍有不慎就会影响员工的情绪；同样，单纯的物质奖励会让人为了奖励而努力工作，目的跑偏，功利心变强，这种心态依然是打工者心态，没有让员工建立起对企业的责任感。而且，一旦人们从底层升职到高层，还会产生一种报复心态，用手中的权力去压迫层级比自己低的人，形成恶性循环。

单纯使用“管”的办法管理团队，这样的企业在最初运行时往往问题不大，可时间一长，各种副作用就会爆发出来，会把企业推入无法继续发展的泥潭之中。那么，一个好团队到底是如何诞生的呢？不是管出来的，应该是带出来的。

西贝的“带队伍”秘诀：自我管理设计方案

企业管理的核心应该是形成一种框架和机制，然后让所有的参与者按照既定的规矩做事，而不是罗列出一大堆守则和细则让人去逐条执行。换句话说，企业要把团队用最理想的方式带动起来，在形成惯性以后让其自行运转。

西贝与顾客打交道的是一线服务人员，包括迎宾、传菜、散服、撤台以及清洁等多个岗位的人员，如果采用岗位责任制，就会演变成各扫门前雪，无法形成统一的整体。所以，贾国龙才深有感触地说：“餐饮业的核心命题，就是怎么把人带好。实际上人是带出来的，不是管出来的。我们都是草原上出来的，跟放羊一样，羊多了好放，真是这样的。夏天找一个有阴凉的地方，冬天找一个能晒太阳的地方，远远地看着就行。”

那么，西贝是如何通过“带”来管理团队的呢？

第一，解放思想。

西贝一直坚持的“品味早读活动”，就是针对带队设计的，通过员工的自我总结、表彰、投稿等，让大家都能从中汲取能量，由此形成独特的企业文化。经过思想上的磨炼，每个人都能潜移默化地接受“我要管理我自己”的观念，而不是等着别人来管，这样就慢慢具有了工作的主动性。同样，西贝的高管也要从思想上改变认识。贾国龙曾经让手下700多名高管学曾国藩，这是因为曾国藩倡导“至诚至拙”，即用最笨的办法做事，用最诚实的方法待人。这就给高管们奠定了基调：尽量放手去做，想不出聪明的办法也没问题，只要能脚踏实地地把事情做好，就代表成功。在这种观点的引导下，高管们不再等着听贾国龙的命令，而贾国龙也能把精力放在研究菜品上。

第二，“小组计件”制度。

服务顾客不是一个人的工作，涉及诸多环节，所以顾客体验到的不是某个服务员的态度、能力和技能，而是一个团队的服务水平。为此，西贝采用了“大道至简”的服务团队设计方案，采用“小组计件”的方法来维持团队的运转。这种组织形式能够让成本得到有效的控制，同时能提高工作效率。小组的负责人是选举产生的，而不是高层指派的，他们拥有服务现场的一切职权，比如赠品、打折、免单，等等，他们还可以根据实际需要指挥厨房、经理甚至是店长。这样一来，就将西贝过去那种“岗位职责管理体系”彻底打破了，符合华为设定的“让听得见炮声的人指挥战斗”的原则。

也许有人担心这种机制会让人滥用职权，其实在西贝完全不用担心，因为这些服务小组在内部已经形成了自然管理：每个小组通常有5~10个人，他们在之前的工作中就学会了如何自己找活干以及如何与团队配合，了解每一个工作流程，不会违反常规做事，当然就不会有人瞎指挥。更重要的是，西贝设定了一个权力行使的制约因素：如果给顾客赠品，团队要分担10元钱；如果打折，团队要分担15元；如果是100元以下的免单，团队要分担20元；如果免单金额超过100元，团队要分担20%。这样一来，负责人就不会盲目给顾客好处，会把资源都用在刀刃上，从而形成了有效的自我监督。

第三，利益绑定。

再好的组织架构也需要利益驱动。西贝在组建了能够自然管理的团队之后，需要带动大家为保证个人利益和团队利益而积极工作。在传统管理学的设计中，企业对员工的奖励往往是比较主观的，也就是“我想给你什么就发给你什么”，这样的奖励很可能不受员工欢迎。既然出力不讨好，企业就应该让员工进行自我奖励，于是西贝设计了一套“组合激励大法”：奖金+团队表彰+自主权。为了将企业与员工的利益捆绑起来，西贝还引入了一个中间参量——团队奖券。其是根据员工的实际表现来累积的，只要累积到一定程度，就能够用于兑换奖品，比如手机、家庭旅游、私家车首付款，等等。根据相关统计，员工最喜欢的是iPhone手机，但是一个团队一次只能兑换一部手机，所以大家会达成内部协议：这个月把名额让给甲，下个月把名额让给乙……这样一来，就让团队内部的信任感增加，因为一旦在服务中出了问题，个人的积分就会受到牵连，从而会影响奖品兑换，所以大家必须齐心协力，保证每个人都能得到想要的东西。另外，奖品的设计也增加了员工和西贝的黏着度，比如私家车首付款，一旦员工选择了它，就意味着在按揭期间不能离开，因为车的所有权还是在公司名下。

经过一整套的自我管理机制设计，西贝既满足了员工的需求，又确保了企业自身的利益，利用有限资源最大限度地调动了员工的积极性，形成了“人人为我，我为人人”的良好风气。

企业要想提升盈利能力，需要整个团队自发运转起来。这当然不能只依靠成员的自我意识，还需要在团队中建立一种意识，通过这种意识去驱动他们在既定的框架内履行应尽的责任和义务，并由此形成惯性。当企业拥有这样的团队以后，任何困难就不再是困难，而是全体成员合力就能攻克的测试题。

◆ 西贝式员工：紧箍咒+金箍棒

千里之堤，溃于蚁穴。

餐饮业和其他服务行业不同，它直接关系到顾客的健康，甚至是生命安全，一旦出现问题，给企业带来的危害会是致命性的，而且这个过程往往不可逆，如果你在菜里发现了一只蟑螂，即便这是开店以来唯一的一只，你也不会再来消费了。因此，西贝非常重视食品安全卫生，为了避免发生危机，总是努力把问题扼杀在摇篮里。

西贝关于食品安全有一个十分独特的理念，叫“100-1=0”。这就像是足球比赛，假设前锋有100次得分机会，只要抓住一次就能成为功臣；反过来，如果守门员守住了99个球，最后一个球却没能守住，那么这场比赛就可能因此输掉。

把这个例子套用在食品安全问题上也是合适的：前面做出的99道菜都让顾客满意，最后一道菜却让顾客拉了肚子，那么顾客就有理由怀疑那99道菜也是存在安全隐患的，只是自己抵抗力强没有发作而已。

点评制：尽早发现问题，尽早改正

西贝的门店都开通了网上点评，这并不是装装样子，而是想通过点评来发现存在的问题，因为上万条的点评不是靠机器识别，而是依靠人工一条一条审查：看顾客给好评是因为什么，看顾客给差评又是因为什么，然后集中汇总，把情况反映给门店，让门店有针对性地改进。当然，人工审查的重点往往聚焦在食品安全方面。

通过对顾客点评进行统计，西贝发现每个星期都有顾客写下了“饭菜里发现头发”的负面评价。虽然差评的总数远远小于好评的总数，但是这个问题的存在会极大地影响顾客的就餐体验，也会埋下安全隐患，于是西贝加大力度进行整改：处理食材、接触和清洗餐具时都会留意有没有异物；员工不能使用擦桌子的抹布擦手，而要用专门的擦手纸；对发现异物的员工进行奖励……通过采取这些措施，西贝最大限度地降低了头发等异物的出现频率。

从发现问题到分析问题再到解决问题，这就是西贝自我进化的过程。在这种工作思路的指导下，西贝的每一位员工都会根据顾客反映的情况做出整改，一步步促使西贝发展壮大。为了让顾客写出真实可信的点评，西贝会通过赠送优惠券的方式激发顾客的积极性，毕竟有些人确实懒得打字，这样做就能避免一些隐患被忽视。

避免危机的发生，靠管理层作用甚微，必须发动长期工作在一线的基层员工，他们最了解门店使用的设备，了解顾客的饮食习惯，能够在第一时间发现问题，所以必须要让基层员工成为饮食安全的主要负责人。为此，西贝针对食品安全问题树立了一种以预防为主的理念，形象地描述就是给员工戴“紧箍咒”。

紧箍咒：该严控的不能手软，该宽容的不必苛责

第一，食品安全是底线。

总的来说，西贝对一线员工的管理是比较宽松的，特别是在菜品研发上，只要你有想象力，怎么设计菜品有高度的自由，但是必须保证食品安全，而且每个人都要严格执行。食品安全是西贝的底线，也是员工必须遵守的红线。虽然西贝讲究人性化管理，但是在食品安全方面非常严格，一旦发现有人懈怠，就会责令其改正甚至直接开除。

第二，管理层“连坐制”。

食品安全不仅是厨房的事情，管理层也必须要负起责任。西贝在发现食品安全问题之后，会相应对店长、服务经理、厨师长这“三剑客”进行惩罚：轻则降职，重则开除。这种决绝的态度让每个管理者都不敢掉以轻心，他们会以身作则，对其他员工进行全面、仔细的教育和管理。

第三，加强培训。

管理层负的是总责，员工则身负具体的责任，所以每个人都必须学好食品安全知识。但是，西贝有2万多名员工，进行统一系统的培训是不可能的，而且一部分员工学历不高，在学习一些专业知识时会比较吃力。为此，西贝推行了寓教于乐式的培训：一种是通过警示类和常识类的视频普及基础知识，让员工强化食品安全意识；另一种是通过演示错误操作的视频让员工“找错误”，对学到的知识进行检验。这样一来，培训就避免了理论化和书本化的教学方式，打破了学历壁垒，让所有员工都能够快速充分地掌握相关知识。

第四，采用“积分制”。

虽然食品安全是一个严肃问题，但也不能在每个执行细节上都强迫员工服从，这并不符合西贝特色的人力管理风格，比如对犯错的员工直接罚

款，这样的传统的管理方式效果并不明显，反而会引发员工的逆反心理。为此，西贝切换了一个角度，考虑的不是如何惩罚员工，而是如何奖励员工，于是推出了积分制：每天门店都会在闭店之后对当天的销售业绩、顾客满意度等进行点评，然后给予员工相应的积分，积累到一定程度后就能获得相应的奖励。

在实施积分制以后，员工争先恐后地努力工作，尤其是在食品安全方面煞费苦心，因为这直接关系到顾客的满意度。之后，员工逐渐分成了两类：那些不犯错的或者犯错少的能够累积较多的分数，那些犯了比较严重错误的也不会受到太过严苛的惩罚，但是积分要少很多，这就会变相逼迫员工改正错误。

第五，管理层以身作则。

在推行积分制以后，每个门店的管理层都能以身作则。他们深知，如果自己做不到，就无法要求下属。这在一定程度上绕开了用惩罚手段来约束员工的管理路径，改用树立样板的方式，毕竟惩罚员工只能让他们知道“这么做是不对的”，却无法让他们知道“怎样做才是对的”。另外，管理层还会传递给员工一种观念：积分不单单是为了给你增加收入，更是让你得到一种认可。所以，员工会为了得到物质奖励和精神激励而加强服务细节，严控菜品质量。

当然，西贝在饮食安全管理方面还做出了其他很多努力，上述都是针对员工管理方面的。毕竟，再先进的设备、再天然的食材都要经过人来使用、处理，如果食品安全意识不到位，再好的硬件设施都会形同虚设，导致问题悄悄发酵，最终酿成大错。西贝一边实施人性化管理，一边念出“紧箍咒”，这并不是矛盾的管理观念，而是在一张一弛中有效驱动员工，让他们真正从内心树立起安全意识。

◆ 让顾客觉得“好上加好”

对于餐饮企业而言，顾客的体验感是最为重要的：从装修环境到菜品质量，从服务细节到配套设施，一家餐饮企业的服务好坏是由顾客说了算的，而不是餐饮企业主观地认为自己很好即可。顾客从心底里表示认可，才能证明餐馆的服务达到了一定的水准。

随着国内餐饮连锁品牌的发展，能够提供优质服务的餐饮企业越来越多，如果顾客经常出入各大餐饮品牌门店，很容易会产生“审美疲劳”。因此，只提供给顾客常规服务，已经不能打动顾客的心了，必须要“好上加好”。

前几年，受到互联网的影响，不少传统餐饮品牌的发展受到了一定程度的冲击，有些企业甚至“开始怀疑人生”，在发展道路上产生新的想法和顾虑。但是西贝坚定地走了下去，因为对西贝来说，本质工作就是把饭做好，服务好顾客。

“西贝式增值服务”：赠送优惠券不如奉送爱心

一次，西贝北京某门店接待了两位客人，当服务员询问客人想点什么菜时，客人表示想点招牌牛大骨，不要别的菜。服务员一听就知道这是老顾客了，为了维系客户，服务员在热气腾腾的牛大骨端上桌以后，给顾客盛了两碗小米粥。顾客感到很奇怪，表示并没有点粥，服务员却说："这是我们特意赠送给您的小米粥，我怕只吃牛肉会腻，您喝点小米粥既养胃又解腻。"顾客听了十分高兴："谢谢你，小姑娘。你们家的服务太到位了。我们特别喜欢吃你家的牛大骨，今天专门过来吃，没想到还有意外收获。"在此之后，服务员还时不时地和顾客闲聊几句，顾客深有感触地表示，她一直很喜欢吃西贝，因为西贝天然、健康的食材让人吃得放心，而且服务十分周到，所以只要和朋友聚餐都会选择西贝。

顾客的话不仅感染了服务员，还从侧面充分证明了对顾客的额外服务不会白做，能让顾客感受到惊喜和温暖，而这种力量是非常强大的，能够让一个品牌在顾客心中越来越有分量。

有的企业为了挽留客户，往往会给予一些物质上的刺激，比如大折扣的优惠、大幅度的降价，甚至一些价值不菲的赠品，等等。从表面上看，这确实很有诚意，但是这种"好上加好"纯粹是一种利益交换：你到我的店里消费，我会给你回报。所以，你的竞争对手也很容易学习，只要比你的回馈力度大一点就可能分流客户。西贝的"好上加好"从服务的温度感出发，本质上是一种情感交换：你到我的店里，我就要对你的健康和快乐负责。这样既不需要投入过高的成本，又能实打实地温暖顾客，是竞争对手轻易学不会的，因为这需要像那位服务员一样，要站在顾客的角度，站在饮食健康的角度制订服务方案，不经过长期的训练和有意识的培养，是很难做到的。正是这种触及对方内心深处的服务细节，才能把顾客长久地留住。

企业之间的竞争，不能单纯通过价格战来互相攻击，因为价格和服务是对等的，低廉的价格很难有高质量的服务，而且很多客户选择餐饮品牌的关键并不在于价格，而是从进门到离店的一整套服务流程，所以把竞争重心放在服务营销上更能从同行中脱颖而出。

西贝的服务营销宗旨，就是弥合顾客期望的服务和感知到的服务之间的差距，从本质上讲，就是针对这种差距进行沟通。打个比方，顾客希望吃到香嫩的牛大骨，但是可能因为意外因素的存在，实际的味道和顾客心中理想的味道有些差别，那么这时候服务员就应当通过合理解释、赠品和其他额外服务去弥补顾客心中的落差，这就是服务营销的真谛。

不论是企业与客户之间的沟通，还是企业内部上下级之间的沟通，都需要具备优秀素质的人员进行很好的协调，以实现企业的利润目标。

一天，在深圳一家西贝门店中，一位妇女带着两个小孩和一位老人来用餐，服务员向他们推荐招牌牛肉，说刚出锅，老人孩子都能吃，然而这位妇女表示上次吃的有点老，这一次不打算点了。服务员一听，问上次吃的哪个部位，妇女说是牛脊骨，服务员马上推荐："要不今天我们换一个部位尝尝，保证让您满意，您放心。"服务员这么做的目的并不是推销牛肉，而是扭转这位妇女心中"牛肉老"的负面印象，最后推荐了牛胸骨。后来，服务员特意询问顾客是否满意，对方表示牛肉非常好吃，小孩子吃得特别开心，下一次还会点牛胸骨。

如果只是为了单纯地讨好顾客，那么服务员在听到这位妇女不想吃牛肉以后会推荐别的菜品，同样能给这位妇女带来不错的就餐体验，但是"西贝的牛肉有点老"这个负面印象并没有得到改变，甚至可能会被顾客传递出去，对其他人产生误导。从服务营销的角度看，服务员必须改变顾客的认识，承担着风险让对方继续品尝其他部位的牛肉，这样既达到了营销的目的，又注重了服务的细节，从根本上维护了品牌形象。

赋能“好上加好”：心态、技巧和营销是关键

既然“好上加好”是打动顾客的秘诀，那么如何让一线的服务员具备这种能力呢？

第一，良好的工作心态。

再好的技能也离不开良好的心态，一旦心态崩了，什么技能都发挥不出来。心态是如何养成的？既要依靠内在的文化修养，又需要日积月累的经验。对此，西贝通过西贝大学着重培养员工的基本素质，就是从工作心态塑造的角度打好基础，让一线员工无论吸收何种知识后，都能将其快速地应用到实践中。除此之外，西贝打造的团队文化也给予了员工不少温情，让他们在工作中处处感受到队友的支撑，而不是遇到问题时孤立无援。心里有底，手脚不慌，在面对顾客时就能落落大方，进退自如。

第二，熟练的沟通技巧。

西贝大学看似没有传授给员工“硬核”的专业知识，却在培训期间通过集体活动加强了学员之间的联系，通过潜移默化的方式锻炼了员工的社交技能。在进入门店之后，由于推行了裁判制，每个门店都自动形成了一个凝聚力强大的集体，成员之间只有不断地沟通，才能共同把业绩搞上去，这样又强化了员工的语言表达和理解信息的能力。经过这样几个回合的训练，员工在面对顾客时，无论对方态度如何，都能在最短的时间内了解其需求，以最直白简短的语言和对方交流，从而化解难题和纠纷。当服务员的沟通技巧提升后，顾客才能在产生负面情绪之后获得意外的理解、安抚和感动。

第三，最走心的营销。

有人说，西贝最近几年名声越来越响，一定是因为他们会做营销。

其实，西贝所做的最大的营销不是和联合国秘书长照了张相，而是在一年中和两万多名员工进行的每一次连接。通过这种连接，西贝的员工了解了自己的企业，得到了工作上的权力和被爱的待遇，所以才能真正服务好顾客，提升顾客的就餐体验。

在西贝，如果一位顾客用餐结束后，有一盘菜没怎么动，马上就会有服务员过去询问：是不是不喜欢吃？如果顾客给出了肯定的回答，那么服务员会帮顾客把菜退掉。此时此刻，顾客的心情会是怎样的呢？一定是惊喜和感动，因为这是在别的餐饮品牌门店中极少能遇到的情况，毕竟没有谁愿意把揣进兜里的钱再掏出去。但是西贝敢于这样做，想给顾客创造一种美妙的预期体验，当然这基于高层设计、中层监督和基层执行的上下联动，以及对基层员工的充分信赖。

“好上加好”可给顾客带去意外惊喜，但是对企业来说，这种“意外”的背后是“必然”，因为只有以贯穿始终的企业文化为背景，才能督促每一位员工形成热心服务顾客的意识，也只有在每个团队中营造和谐融洽的工作氛围，才能让员工之间既有你追我赶的上进心，又有互帮互助的同理心，用全流程、一条龙、无缝式的精细化服务打动顾客，最终形成顾客体验闭环，从而确立品牌在市场上的强大影响力，以及在顾客心目中的极高地位。

◆ 精英管理：手下无强将是因为老板没能力

如果说管理员工更多的是需要爱，那么管理中高层的管理者，不仅需要爱，更需要智慧。这是因为中高层的精英们收入有保障，有一定的社会地位，情感诉求和基层员工并不相同，而且他们更有自己的想法，随时都可能被竞争对手挖走。

管理精英是一道世界级难题。不少企业的掌门人都会说：我身边缺少有能力的人。这听起来有一种高山流水难觅知音的感觉，但其实这体现出了他们精英管理能力欠缺。对此，贾国龙一针见血地说：身边的人不厉害，不是身边的人的问题，是老板自己的问题。

抓大放小：精英可以自定战略自主行动

现在，西贝总部副总裁以上级别的干部人数达到两位数，他们当中很多都是从跨国公司员工、创业者、大学老师以及政府部门转战到西贝的，可以说来自各条工作战线，每个人侧重训练的能力也不同。出于快速扩张的需要，西贝在2016年成建制地引入专业干部，这些人都是货真价实的精英。

手下有了强将，只是完成了吸引人才的第一步，正如刘备请诸葛亮坐镇军中还要平衡各种关系一样，如何管理好这些精英才是重头戏。

张兴旺曾经担任《销售与市场》杂志主编多年，从2010年开始创业，主营咨询和培训等业务。2014年到2015年期间，贾国龙参加了几次张兴旺公司的线下课程，对他们讲述的互联网知识印象深刻。2016年，张兴旺遭遇车祸，没想到几位联合创始人退出了公司业务，企业面临解体，张兴旺陷入人生低谷。然而在他出院以后，贾国龙约见了他并向他请教有关微信引流、用户管理、大数据分析等问题，张兴旺由此成了西贝的顾问。在他的策划下，微信秒付成为西贝整合大规模用户的入口，让门店的收银效率大幅度提高，解决了排队付款、积分出错等长期困扰门店运营的老大难问题，仅秒付零费率一项就在2017年为西贝节省了上千万元，同年还连接了数千万的用户。

因为仰慕张兴旺的才能，贾国龙正式邀请他加入西贝，但是张兴旺毕竟是自主创业过的人，怎么可能轻易再给别人打工？但是通过一段时间的接触，张兴旺发现了贾国龙和其他老板不一样的地方，就是从不喊口号，在大家都喊着“以人为本”却没几个人实践的时候，贾国龙在一门心思地实践着，强调“组织为人所用”，这最终打动了他。2017年，张兴旺正式加入西贝，从编外顾问变成了内部精英。按照常理，张兴旺会相应承受业务上的压力，但是贾国龙没有提KPI，而是让张兴旺放手去做，从不过问钱是怎么花出去的。

在这种抓大放小的政策下，张兴旺集中注意力，自定战略，自建团队，给西贝平台增添了很多新内容，比如移动支付、客访系统、在线点餐，等等，最大限度地集合流量。为此，贾国龙称西贝“插上了移动互联网的翅膀”。

贾国龙的聪明之处在于懂得掌握和精英们交流的分寸：因为在某方面不懂，所以才需要其他“大脑”来帮助自己，所以在总则上和精英们达成一致以后，剩下的工作就必须交给人家自己去做，不要外行指挥内行。现在一些企业的老板，总想给自己立一个“全能型老板”的人设，手下干什么都要过问，什么事情都要管，结果束缚了团队的手脚，限制了精英们才干的发挥。

收放自如：精英之间的平衡大法

有人的地方就有矛盾。基层员工之间虽存在矛盾，但是毕竟大家手里都没有实权，除非像亚马逊那样搞“一键举报”，否则员工对员工的打压只能发生在小范围和小量级的事件中。精英和精英之间就不同了，他们有各自的团队，有可以操控的权力，一旦不能和平相处，甚至发展到互相拆台，对企业造成的危害将是致命的。

贾国龙深知平衡掌权者的重要性，特别是在本土的精英和空降的精英之间。前者在西贝有深厚的根基，资历老，人脉广；后者往往能力更强，晋升更快，所以这两派势力在很多企业中都会产生对立。

既然明知本土精英和空降精英可能发生矛盾，为什么还要从外部引进人才呢？贾国龙认为，内部成长起来的干部和员工虽然经验丰富，但是专业性不够强，而且只集中在几个领域，对新兴的移动互联网、新零售这些领域并不熟悉，所以必须从外面引进人才。

现在，贾国龙直接管理的高管有几十个，他们是西贝的核心管理者。本土成长起来的精英大部分在分部，而2016年以后进入西贝的往往被安排在总部，这就从职能上对他们进行了划分，让他们之间极少发生利益冲突。所以，像张兴旺这样的人才就可以安心在总部设计后台框架，而富有战斗经验的老员工在一线坐镇，彼此都有各自的目标，不易出现权责交叉，加上贾国龙自身的协调作用，所以这些精英能心向一处、力用一点，共同推进西贝的快速发展。

其实，空降精英和本土精英之间并不是天然存在矛盾的。西贝的高管中空降精英比较多，而中层和基层的干部大多是在企业内部培养的，所以他们是在分别做着战略性和战术性的工作，分工明确，优势互补。

有些企业虽然也懂得引进高管的作用，却不能长久地留住他们，但是西贝不同，空降高管落地成功率很高。西贝曾经从麦当劳的上海区中挖来一个负责人当运营副总裁，报到之后自然是要领任务，然而贾国龙却对他说："你来肯定要管运营，但是不用急着干活，先熟悉整个公司的情况，半年的时间不用做什么，任务就是先活下来，别被排挤走。"

贾国龙的这番大实话，并不隐讳空降精英和本土精英间的矛盾，从掌门人的角度平衡了下属间的关系，确保每个挖来的人才都能实现自我价值。这就是一种真诚和初心。相比之下，某些企业挖来高管之后马上就投入使用，恨不得让其一个人干两个人的活，结果没过几天就会出现各种问题，最后把人才逼走了。

事实上，企业中出现山头是无法避免的，因为每个管理者的个性不同，经历不同，遇到分歧时自然就容易站队，但是管理者不能因为有山头的存在就马上对其进行打压，这在某种程度上破坏了一个团队的完整性，除非这个团队不顾整个企业的利益和纪律，不然还是应当用温和的手段去"钝化"。

随着西贝这几年的快速发展，各级管理者的待遇上去了，生活稳定了，容易出现山头主义，所以贾国龙会时不时地在大会上点名某人搞小团体，提醒大家不要忘记西贝这个大集体，从思想层面上遏制山头主义这种亚文化，从而客观上缓和了空降精英和本土精英之间固有的矛盾。其实，这些精英们无论出身如何，对贾国龙而言“手心手背都是肉”，只是每个人擅长的领域不同，需要在不同的岗位上才能最大化地发挥各自的作用，而他肩负的任务就是挖掘精英、尊重精英、放权精英、平衡精英，让他们成为西贝发展的“强力火车头”。

◆ 服务员的职责和价值所在

在网上我们可以找到西贝招收服务员时的应聘要求。和很多餐饮企业相比，西贝并没有设死板的门槛，也没有设模棱两可的特殊指标，只有三句言简意赅的话：

1.有一定的沟通能力，能吃苦耐劳，有服务意识；

2.性格外向，有执行力，有抗压能力；

3.有责任心，热爱学习，懂得团队协作，服从上级管理。

从这三行字中我们可以发现，西贝对服务员不要求年龄、学历、身高和容貌，因为这些都是外在的，顾客虽然能够感受到，也能通过这些产生第一印象，但这些都不足以真正提升顾客的体验感，反而是那些内在的东西更能打动顾客，从而成为西贝重要的考察指标。

餐饮企业在经营中最怕的是什么呢？最怕一线的服务员不能服务好顾客，这就会直接导致顾客对品牌产生负面印象，继而降低企业的市场口碑和竞争力。那么，如何才能让顾客感受到优质细心的服务呢？核心就是要让每一位服务员都明确职责和价值所在。

服务员的职责：为顾客创造喜悦

服务员的职责是什么？或许不同的品牌和不同的门店会存在些许差别，但是核心是不变的，那就是提升、保障顾客的体验和切身利益：体验感，是从顾客进门到离开，对品牌的所有感知，这种感知是正向的，才能树立起品牌在顾客心目中的地位；切身利益，就是在体验感之外，真正照顾到顾客的健康、财产等相关权益，这往往是隐性的。

前面我们介绍过西贝服务的方方面面。在每个环节，都会有服务员细致入微地观察顾客，了解他们的内心诉求，最终让他们满意离开，这就是良好用餐体验感的构建。西贝在食品安全卫生方面所做的管理、服务员不会为了让顾客多花钱推荐他们多点菜等表现，就是在保护顾客的切身利益。

明确了服务员的职责后，如何驱动他们负起责任呢？西贝没有采用强迫手段，因为那只能让服务员被逼着去完成任务，而不是主动自发地服务顾客。西贝把企业的使命确定为“创造喜悦人生”。这上升到了较高境界的人生态度和事业态度层面，西贝的目标是在全世界的每一个城市、每一条街都开有西贝的门店，与西贝相遇的人会因为一顿好饭而感到人生的喜悦。

重庆的一家门店有一位服务员，为人实在，做事踏实，他常挂在嘴边的话是“诚心实意为顾客，努力为顾客创造超预期的就餐体验，让每一位顾客吃饱、吃好、吃得满意是我们作为餐饮服务人员应尽的职责和自身价值所在。”他用朴素的话语点明了服务员的职责和重要性。有一次，门店来了一对母子，这位服务员热情招待。菜上桌后，那位母亲告诉他：“酸汤空心挂面里的面太少了，我家孩子很喜欢吃面，我怕不够吃。”这位服务员解释说，这些菜都是严格按照标准做的，如果小朋友不够吃，他可以送一份，说完就马上下单。过了一会儿，赠送的酸汤空心挂面被端上桌，顾客连连道谢，这位服务员表示这都是他应该做的，顾客选择在西贝用餐就是对西贝最大的肯定和信任，所以必须要让顾客吃饱吃好。随着沟通的深入，这位服务员了解到母子俩是来旅游的，于是给他们推荐了一些旅游景点，母子俩非常感动，尤其是孩子亲口说出了“西贝服务真好”这样的话，让这位服务员备受鼓舞，因为小孩子是不会骗人的。

西贝的一线员工中，很多人都像这位服务员一样，把“让每一桌顾客吃好、吃得开心和满意”当成应当履行的职责。这其实就是在用行动履行“创造喜悦人生”的企业使命，因为把顾客的喜悦当成服务的终极目标，所以就应该心底无私，处处把顾客当成亲人一样对待。

核心价值：成为西贝的主人

服务员的核心价值是什么？是能够运用自己的能力服务好顾客，既能提升顾客的体验，又能得到顾客的认可。从服务员的角度看，展示自我价值的前提是要转换心态，不能把自己当成一个打工者，而应把自己定位为企业的主人，只有树立起主人翁意识，才能以主人的优雅姿态去接待客人。

第一，相信企业的目标。

要想体现出价值，服务员需要有一个努力的目标。如果服务员只想着应付顾客，得过且过，那么这样的服务也许不会太差，但绝对不会太好，因为这种态度就决定了价值释放很小。为此，西贝设立了一个很有名的“西贝好汉工程”。对此，贾国龙的解释是：不是你简单地拥有1000名员工，而是你帮助1000名员工创造了喜悦人生，他们收到你的爱并由衷地感谢你，那你就是一条好汉。当员工们认同“好汉”这个称号时，也就在某种程度上把自己当成了西贝的主人，因为他们的努力会被肯定，会和西贝的光荣发展史牢牢绑定在一起。

“西贝好汉工程”于2017年启动，获得这项荣誉的干部员工可以获得在西贝文化馆的好汉厅建雕像的权利，还能得到一千克的纯金奖牌和每年100万元的津贴，津贴可以用在“好汉”的父母、配偶、儿女、孙子、外孙的学习、医疗以及旅游方面，极大地激发了员工的工作热情。同时，一线的服务员找到了实现自我价值的方向：让顾客认同自己是西贝的一条好汉。当大家都在为争当好汉而努力奋斗时，也就潜移默化地和企业目标趋于一致了，主人翁意识会进一步加强。

第二，合理设计薪酬和升职条件。

核心价值总要通过一些载体来体现，最典型的就是薪酬待遇和晋升前景了。为了让服务员意识到努力服务顾客会有成长前景，西贝采取了和海底捞相似的“计件制”，也就是多劳多得、少劳少得的制度，避免让一线员工吃大锅饭，因为搞平均主义势必会挫伤员工的工作积极性。当服务员的个人努力和自身利益挂钩时，他们才会真正重视自己的核心价值是否被体现出来，就会敦促他们不断完善服务细节，让顾客满意而归。

西贝的年终奖发得很有学问：论功行赏，不设限制。员工只要告诉企业一年做了哪些事，对西贝有何贡献，就能得到年终奖，而不会让一些努力付出的人没有收获。员工报奖需要经过管理层，作为一线的服务员，只有在一年中坚持不懈地努力工作，才能争取到获奖名额，这种合理的机制进一步强化了员工对自我价值的追求。

职责和价值是相互促进、相互依赖的关系：不履行职责，价值就无处体现；不展现价值，职责就无法落到实处。对于西贝的广大服务员来说，他们一面奉献着青春和激情，一面发扬着智慧和才干，为的就是无愧于顾客，无愧于企业，因为他们尽到了责任；同时，为了无愧于自己，他们必须时刻体现出个人价值。当以上目标都被实现之际，就是西贝在顾客心目中占据王者地位的高光时刻。

◆ 西贝管理：以正合，以奇胜

贾国龙说："西贝要想做大做强，就必须把规模烧到足够大、壁垒足够深，只要有现金流，公司就是健康的，所有多出来的资源，都要投入到未来竞争力的建设上。餐饮业做到'小而美'太容易了，守着一个特色，只要悟性够就可以做得风生水起，这个游戏不刺激。"

不安于现状：西贝必须"受点刺激"

贾国龙为西贝制订的这套打法，可以用《孙子兵法》中的"凡战者，以正合，以奇胜"来解释。

"正"指的是常规部队，而"奇"是指多出来的非常规部队。在战场上，决定胜负的往往不是常规部队，因为敌人会在作战前充分把它考虑进去，但是非常规部队敌人很难计算在内，往往能够起到扭转局势的关键作用。在西贝的发展道路上，安分守己地做好原有的菜品，就是用常规部队去作战，不会出现大的失误，但是很难出奇制胜，所以贾国龙才要求给西贝增加新的属性和特色。

属性代表着企业的根本，特色代表着企业的进阶，它们都需要资金、人力、时间以及其他各种资源去维系。为此，西贝将赚来的钱主要投入到两个方面，一方面是基础管理，另一方面是团队建设。基础管理可增加组织配置资源的能力和效率，让组织运转得更加灵活，而团队建设可提高人员的综合素质，所以西贝才不遗余力地加强员工的学习和培训。

"以正合，以奇胜"成为西贝管理体系中的哲学奥义，在多个领域都有所实践，而且效果良好。

正奇合一：西贝能守住大盘，也能奇袭制胜

第一，让利给员工。

把赚来的钱合情合理地分配给员工，体现出的是企业的一种境界，也可以看成一种能力和技术。这不单纯是慷慨不慷慨的问题，还关系到能否用利益去刺激员工创造更大的价值。员工获得利益的多少，其实就是企业对他们自身价值的一种评价：分配多了，自我价值感就变强了，会更加坚定地按照这种工作方法去做；分配少了，就要进行自我反省，要为了获得更高的评价不断努力。

西贝在分利的时候，对"以正合，以奇胜"进行了重新解读："正"是员工的基本工资，是正常上班获得的报酬，员工要想增加收入，单靠它是明显不行的；"奇"是员工通过创造获得的奖励，它的价值往往比日常工作的常规价值要大，员工因此所获利益也是最多的，最能激发员工工作激情。

简而言之，"以正合"是按劳取酬，而"以奇胜"就是论功行赏。西贝遵循着这样的原则，把奖励变成一种艺术，不仅会让员工产生获得感、

参与感和满足感，还可以激发他们的荣誉心、求胜心和上进心，这样才能把物质奖励和职场兵法完美融合在一起，让员工为企业做出更多的贡献。

第二，不在意差评。

如果换个角度看，“以正合，以奇胜”就是指对方击败你的不是常规部队，而是奇袭部队，你没有输给正面而来的大军，反而败给了藏在角落中的对手。在企业管理中，这种藏起来的对手代表着什么呢？那就是负面评价。

西贝从1988年创立开始，经历了十几年的时间，直到2003年才让净资产由负变正。在这个漫长的过程中，西贝从上到下少不了遭遇各种差评，有来自同行的，有来自顾客的，也有来自社会方方面面的，但是贾国龙并没有把精力聚焦在这些负面评价上，西贝要想发展壮大，不能被几个不好听的声音吓倒。

正是本着这一原则，西贝在差评管理上，不会过分苛责干部员工。如果每个西贝人都像经营淘宝店那样，出现一个差评后想方设法把它消灭掉，那样就会耗费太多宝贵的精力，得不偿失。毕竟，一些差评的产生原因并不能归结为西贝的产品和服务，过分关注差评只能增加干部员工的挫败感，这会形成恶性循环，不利于新工作的开展和新客户的拓展。为了避免被“以奇胜”击败，就不能将注意力聚焦于它，而是应该回归到“以正合”上。

差评不可怕，可怕的是因为害怕差评而无暇顾及产品和服务的创造。西贝人应该把精力多用于强化和盟友的关系，和给予西贝好评的顾客保持联系，维护铁杆顾客的权益，这样就能提高好评率，好评率提高了，差评率也就下降了。

第三，多让顾客产生极致体验。

创造良好的客户体验，是每个商家都想努力做到的。一般的套路，如打折优惠、微笑服务、会员营销等手段，属于“以正合”的范畴，太过常规；要想打动顾客，建立自身的差异化服务优势，还是要依靠“以奇胜”。

2016年9月，西贝有将近200家门店全部上线了“美味不用等·秒付”。这是一种用于移动支付的第三方服务，不到6个月的时间，就成了西贝每个新店开业的必备工具。顾客不仅可以通过扫描二维码进行线上点餐和支付，还可以在支付之后填写体验问卷，整个过程不过几十秒的时间。

线上支付和线上评价，这在今天看来或许不算新鲜事，可在2016年，一个全国连锁的餐饮品牌启动了这种划时代的服务，称得上是具有差异化优势的。这种“以奇胜”的客户管理上的创新，让很多到过西贝的人真正产生了“顾客就是上帝”的感觉，因为顾客提出的每一条建议，西贝都会通过数据汇总进行分析并对菜品的研发和服务策略进行调整，改善顾客的用餐体验，这样的餐饮品牌能不具有市场号召力吗?

西贝把“以正合，以奇胜”运用得炉火纯青，也并不局限于上述三个方面。归根结底，这是西贝不满足于只做“小而美”的餐饮企业而产生的动力。这种动力不断敦促西贝人进行自我调校，随着市场和消费者的变化，不断激发出更多的灵感，既能守住大局，又能出奇制胜。

◆ 员工比顾客更重要

西贝分部总经理贾国慧说过一句话："充满人情味的关怀，往往最能俘获人心。"的确，对餐饮企业来说，顾客能够撑起半边天，而另外一半是由服务员撑起的。所以，善待你的员工，就是善待你的顾客，也就是善待你所经营的品牌。

现代管理学认为，服务型企业和制造型企业的盈利模式不同，服务型企业主要通过让顾客产生持续不断的高满意度，使其和品牌间产生较高的黏着度。从这个观点出发，我们可知，维系顾客高满意度的关键是员工，不管企业的高层制订了多么优秀的服务方案，真正执行落地的还是奋战在一线的员工。企业只有先维护好员工的利益，培养员工对企业的忠诚度，才能培养顾客和品牌的黏着度。

"以人为本"的新解读：员工比顾客更重要

海底捞的成功秘诀是什么？是具有大批忠诚的顾客。他们会耐着性子一次又一次地排队用餐，和其他冷门品牌形成了鲜明对比。那么，吸引顾客乐此不疲的动力是什么？是海底捞带给顾客的“愉快用餐体验”。顾客等待几个小时并不枯燥：可以吃零食，可以下五子棋，还可以擦皮鞋……在用餐时，海底捞还会提供手机专用的塑料袋和女士用的丝带等等。这些都是吸引顾客欣然前往的要素。然而，追根溯源，实施这种“愉快管理学”的关键是员工，所以海底捞董事长张勇掷地有声地说：“服务好你的员工。”

管理需要融入服务思维，把员工服务好了，员工就会透过他们的愉悦和优质服务把企业的价值理念传递给顾客。餐饮业是劳动密集型行业，企业的收益来自顾客，而服务顾客的是员工，他们都是活生生的人，需要用以人为本的理念来对待。只有当员工对企业产生认同感和归属感之后，才能快乐地工作，在工作中传递品牌理念。

西贝的员工管理：激励+尊重

曾经有人先后就职过海底捞和西贝两家门店，在海底捞一路做到了组长的位置，不过他对海底捞的评价是“更像是为了完成工作的职能，不会对企业本身产生留恋与感恩”。海底捞很少组织员工培训，虽然给予员工的福利待遇还可以，但是员工之间的关系不够亲密，特别是管理层和基层员工之间缺少联系的纽带，这让很多人在那里学到的只是技术和经验。但是，他们来到西贝以后体验就完全不同了。

在西贝，只要员工足够努力，不仅能够得到物质上的奖励，还会获得各种各样的证书。千万别小看这些看似不值钱的证书，它起到了连接员工和员工、员工和管理层以及员工和企业之间情感的桥梁作用。在西贝经常会有人得奖，自然就少不了集体活动，今天是拜师仪式，明天可能是员工的生日，后天又有人庆祝晋升……每到这种庆祝的场合，大家都会播放好听的音乐，台下一群小伙伴热烈地鼓掌，这些都给新加入西贝的员工留下了深刻的印象。

获得同伴和企业的肯定，对于一个基层员工来说是莫大的动力，为此西贝不遗余力地设计激励细节。比如，西贝的每个服务员都有三个小牌子，上面写着服务员的姓名、星级以及带二维码的打赏牌。西贝会定期对其进行评级，根据每个人的不同表现调整他们的星级，一般门店里一二星的人最多，主管以上的是三星，厨师长通常是四星。至于打赏牌，则既是给顾客的，又是给店长的。

西贝十分注意维系员工和管理层之间的联系，因为员工和高层基本没有见面的机会，他们经常打交道的是顶头上司，也就是店长、服务经理这一层。他们之间的关系是如何维系的呢？如果有服务员做得出色，店长就会扫他们牌子上的打赏码，直接给对方打赏。也许打赏的钱并不多，但是能够得到店长的认可，会让很多服务员非常开心。

外界一直都在评论西贝的薪资待遇很高，事实的确如此，但真正让员工舍不得离开的，是激励他们的企业文化和培养他们感情联系的工作氛围。西贝为了让员工有宾至如归的感觉，给他们的工作餐也设计了菜单。西贝的一些管理者还会定期到门店调查员工吃得是否满意。如果有员工生病了，还有免费的病号餐吃，这些在时刻温暖着每一个西贝人。

在生活待遇方面，西贝的员工宿舍条件都不差，配有饮水机、电视和保洁阿姨，女员工还有免费的化妆品，可以说将他们照顾得无微不至。

爱的能量环：发掘优秀员工需要爱

很多企业苦恼不会挑选员工，导致有时候会任用一些有才无德或者有德无才的人，前者危害巨大，后者犹如鸡肋。其实，挑选人才不是“一锤子买卖”，你不能指望通过举办几次招聘会就能把天下人才尽收麾下，而应该给人才一个短暂的发育过程，也就是让种子破土而出的过程。经过这一过程，你才能确定“这朵花”是有观赏价值还是药用价值。

识别优秀员工需要一个关键性的前提，那就是给予对方足够多的爱。只有当对方感受到爱时，才愿意展示自己的才华。想想看，如果企业只是一味地压榨员工，不关心员工的现实困境，不能让员工看到未来发展的希望，员工会主动展示自己的才华吗？在这种境遇下，越有才只会越受累。

这是一个有关人性的问题。为什么有的员工在跳槽之后发挥了巨大潜能呢？就是因为在前公司没有得到重视，没有感受到爱。在前公司眼里，这样的员工称不上“优秀”，但这不过是一种误解罢了。

为了避免这种情况发生，西贝将爱作为企业的核心价值观：爱必须从心出发，要体现在对员工的承诺上，既要让员工和西贝荣辱与共，又要让西贝和员工风雨同舟，所以西贝不是贾国龙一个人的企业，而是所有西贝人的大家庭。

既然把企业定位成家，就该有家的温暖。为此，西贝把“爱的能量环”当成执行守则：先去爱员工，再让员工爱顾客，最后才能让顾客爱西贝，从而形成一个闭环。

西贝关爱员工有哪些体现呢？要真的为员工好，而不是只做表面文章，只下表面功夫。在西贝眼中，员工是家人一样的存在，所以每个管理者都首先关心他们的健康与安全，这是给予员工的最基本的爱。比如，工作餐能不能吃饱？下班以后能不能吃上热乎的饭菜？饭菜是否有营养？口味是否符合他们的饮食习惯？宿舍周边的治安环境好吗？冬天有暖气、夏天有空调吗？如果员工生病了，是否有人照顾？

这些一连串看似琐碎的问题，其实就体现出了西贝对员工的爱是发自内心的。除此之外，西贝非常关心员工配偶、子女以及父母的生活状况，比如配偶是否有合适的工作，子女是否就读较好的学校，父母是否老有所养等等。西贝关注这些问题，是在发自内心地思考能够为员工做些什么。西贝关爱员工的一个重要出发点，就是要让员工通过得到爱而学会爱，先从爱自己开始，再去爱别人和万物。当一个人的内心充满爱的时候，就是拥有强大力量的时候，他的工作才会顺利，生活才会变得幸福。只有这样做，企业才是真的在对员工负责。

员工爱顾客也是真的为顾客好，如何体现在行动上呢？认真服务好每一个顾客，顾客喜欢友好，服务员就微笑；顾客喜欢快，服务员就一路奔跑；顾客喜欢卫生，服务员就把所有东西都擦得干干净净……总之，就是顾客喜欢什么，服务员就做什么。

一个厨师怎样去爱顾客呢？顾客喜欢吃什么就做什么。如果是特色美味，那就走遍西北的山山水水和沟沟壑壑，无论是草原还是沙漠，只要能够找到大西北特有的食材，就会制作成美味，摆在顾客面前。服务经理爱顾客的行动是什么？保持对顾客需求的敏感度，比如哪些服务是顾客感到舒适的，什么样的环境能够让顾客兴奋，何种菜品让顾客感觉不是在吃饭，而是在享受。所以，西贝的很多服务经理和店长都会比较挑剔，这样才能发现菜品的问题，这种挑剔就是对顾客的负责任。

“西贝爱的能量环”，就是从西贝爱员工到员工爱顾客，再到顾客爱西贝。如果爱的行动不曾增加，那么这一切都不会发生改变。自然，当西贝给予和回报的爱源源不断时，西贝的事业也会蒸蒸日上。

人力资源部是企业最重要的部门，因为它关乎企业如何与员工建立良好的关系。西贝推行以人性化为主旨的员工管理政策，并非一种理想主义的做法，实际上这恰恰是当代服务型企业立足市场的必经之路。如果企业一味地追求标准化管理，那么势必会在企业内部形成一种冷漠、缺乏人情味的工作氛围，从而不利于滋养员工的内心，无法留住人才。对待员工超过对待顾客，这是西贝成功的秘诀之一。大道至简，这值得每一个企业深思。

◆ 学富士康还是西贝

员工是生产力，但员工不是生产机器。在“血汗工厂”成为一部分工人的噩梦之后，企业能够给予员工合理待遇和人文关怀，成了企业竞争力的重要组成部分。如果员工在企业中感受不到温暖，看不到希望，他们就不会全力以赴地工作，最终削弱的是企业和品牌的生存能力。

当然，也有一种声音，认为对员工过度关怀，会失去“令行禁止”的制约作用，会削弱企业管理者的权威，最终降低企业的运营效率，同样会削弱其竞争力。于是，就有了关于人性和效率的深度探讨。

人性和效率相矛盾，其实是一个伪命题。二者都有各自存在的道理，找到平衡点才是关键。相比之下，西贝的员工虽然工作量也很大，收入也未必比富士康员工多，但是西贝员工的整体精神面貌很好，这说明大部分人都拥有健康的心理状态。他们可能疲惫，但不会厌倦；他们可能操劳，但不会萎靡，而这正是西贝善待员工的结果。

餐饮行业是劳动密集型行业，按理说只有让员工高强度地工作，无休止地工作，企业才能追求到利润的最大化，但是西贝似乎有一点“反其道而行之”。这不是因为“圣母心”泛滥，而是因为懂得合理激发和驱动员工，让他们在获得较高的待遇和较强的自尊感以后，把愉悦的心情作用在服务中，所以即便西贝不拥有世界一流的菜品，国内最亲民的价格，也依然能收获顾客的喜爱。

西贝式微笑：感动顾客的背后是对员工的爱

曾有一位顾客这样描述：当自己和西贝的服务员因为就餐问题发生矛盾时，对方能始终如一地提供微笑服务，不管自己之前有多么不满意，服务员都能用热情周到的服务化解干戈。当顾客来到门店以后，每个西贝人都会笑脸相迎，这就是贾林男会用“西贝的服务员为什么总爱笑”给他写的书命名的原因。这种微笑带来的温暖不仅感动了顾客，还深深地感染了他。也许有人认为，微笑对从事服务行业的人来说是基本功，其实并非如此，因为很多人不会真诚地笑，只会尴尬地假笑，反而让人觉得不舒服。更难能可贵的是，一个餐饮品牌可以让全体员工常年保持真诚微笑，这样做产生的“威力”是无穷的，会让顾客时刻感受到一种爱意。怪不得那么多来过西贝的顾客都会念念不忘，或许他们真正忘不掉的不是某道菜的味道，而是全体西贝人的微笑。

西贝的服务员为什么会常年保持微笑？这和西贝的核心价值观有关：爱、真实、负责任、荣耀承诺、我的西贝。听起来简单，其实西贝的核心价值观被反复修改过很多次，后来对“爱”做出了详细的解释：从心出发，爱自己，爱家人，爱伙伴，爱顾客。有意思的是，之前做解释的时候顺序完全相反，从爱顾客开始，到爱自己结束。后来，贾国龙和其他高管认为，只有先爱自己，才有可能爱其他一切。

从这个角度看，西贝的服务员之所以能发自内心地微笑，是因为他们把最美的微笑留给了自己，体验到了生命的愉悦，这样才能和顾客分享这种愉悦，从而践行了“把爱传出去，贡献他人；把利分下去，慷慨他人”的西贝管理法则。

发展人、培养人和成就人，是西贝最核心的人才管理理念。只要把人的事情考虑好、处理好，很多问题就会迎刃而解。

温暖与冰冷：如何用爱提升工作效率

西贝和富士康的员工构成一样，大部分都是远离家乡的年轻人，每天工作都会超过10个小时，住的都是集体宿舍，但是这种表象之下有着内在的不同。富士康在面试的时候通过俯卧撑来考查员工的所谓“耐力”，看起来很有用人哲学，但其实是真的把人当成了行走的机器。相比之下，西贝招收员工时从来不看重“硬核”的某项“参数”，比如学历、资历，等等，只会和你谈未来，还会让新员工去西贝大学接受基础培训，既开阔了员工的眼界，又让他们慢慢了解了西贝。

富士康让员工每天保持10小时以上的重复的、机械的工作，还会用“服从就是一切”去教导员工，西贝的服务员却拥有一定额度的免单权，从而掌握了在协调与顾客之间的矛盾时的主动权，会产生一种职业自信感。两相对比，高下立判。

高标准、严要求，的确能在一定程度上或者一定时间内提高员工的工作效率，但不会让他们热爱自己的岗位。西贝的服务员并不是个个都想着升职，因为只要他们工作努力，获得的提成能弥补他们和管理层在薪资待遇上的差距，他们会通过热爱本职工作产出更高的价值。富士康的流水线员工，却不能得到与西贝员工相似的薪资提升待遇，要么默默忍受，奉献青春，要么愤然而起成为高管，总是要付出高昂的代价，总会遇到上升的天花板，最终往往会选择最简单直接的方式“解决”问题。

用冰冷驱动员工，只是一时；用爱与热情驱动员工，会是一生一世。在这样天差地别的境遇中，员工做出的人生选择自然大相径庭。

微笑成本：窥视企业初心的洞口

话说回来，虽然富士康缺乏人性化的管理，但是我们并不能就此否认它在商业竞争中占有优势地位，它的母公司鸿海集团曾经位列世界500强企业中的第112位，是中国台湾地区排名最靠前的企业。虽然有负面新闻传出，但富士康仍然马不停蹄地快速发展，在它打算从人力成本越来越高的珠三角地区向北迁移时，很多地方政府都表示了欢迎，富士康仍然是代工领域中的标杆企业。

那么，提供微笑服务的西贝如何呢？西贝的营业额每年都在增长，门店数量也在不断扩大，但是随之而来的是巨大的人力成本支出。目前西贝有2万多名员工，基层员工都能拿到四五千元的工资，总开支自然庞大，这还不算西贝在员工身上花费的培训成本、生活成本以及其他各种福利待遇成本。如果西贝复制富士康的模式，人力成本会减少一大截，但那就不是我们认识的西贝了。

贾国龙做西贝的初心并不是赚钱，否则他不必选择日夜操劳的餐饮业，凭着早年赚的钱去做房地产产业岂不是更好？贾国龙只想做美食，只想和员工一起分享他的创业成果，给大家谋求光明的发展前景。这是贾国龙的初心，也是西贝的初心。或许在数字上，西贝的营业收入并不能跟富士康相比，但是精神上的愉悦是无法用金钱来衡量的。

西贝人的一个微笑，背后蕴藏的是一种服务理念、一种人才管理理念，还有宏伟的企业发展目标。它会决定一个企业的市场生存能力，也能影响一个品牌在客户心中的位置。这些理念未必能让一个企业变为最强企业，但一定会让它成就和所有人最美的一次相遇。这些人当中有创业者，有合作者，有从业者，有消费者，把他们联系在一起的就是爱的力量。

后 记

“西贝的产品不是菜，是人！”这是我在研究西贝的过程中印象最深的一句话。菜是物，容易量化，人就难多了。因此，我对西贝所做的商业研究更侧重于“商业中的人”，注重西贝这家企业商业逻辑里的人性。从西贝创始人贾国龙，到西贝每一个普通的服务员，是什么让他们这样思考？是什么让他们这样行动？

这些研究文章，汇集成了《西贝你才真的学不会》这本书。这是一本解析西贝发展历程的书，书中收集了大量实例，叙述了西贝这家餐饮企业的崛起之路。作为西贝的首任CEO，我对西贝感情至深，亲历了西贝多年的成长与发展。在我看来，让西贝做大做强的因素有十种，每一种都与人性相关。

一、有梦想

西贝人会说：“不争第一我们干什么？要么不做，要做就要争第一！”

二、有远见

西贝的经营理念永远着眼未来。20世纪90年代，西贝创业之初，贾国龙就创办了西贝餐饮学校，“十年树木，百年树人”的理念一直贯彻至今。

三、有舍得

西贝舍得聘用高级人才，舍得投资脑袋，舍得考察，舍得研发，舍得做广告……舍与得的人生哲学在西贝的经营管理中随处可见。

四、有理念

西贝用最好的原料、用最笨的办法做妈妈菜，创造美味，幸福顾客，喜悦人生……

五、有热爱

每个西贝人都热爱餐饮行业，热爱服务行业，热爱员工，热爱顾客，热爱社会，热爱一切……这种热爱让西贝人几十年如一日地坚持奋斗，不断创造更辉煌的未来。

六、有勇气

西贝永远敢于尝试，敢于第一个吃螃蟹，骨子里渗透着不怕失败、从头再来的勇气。西贝人永远敢想、敢说、敢打、敢拼，勇于在实践中获得成长。

七、有坚持

西贝自1988年在临河创办以来，屡败屡战，永不言败，永不言弃，坚持到底，直到成功……这种坚持到底、百折不挠的精神，成就了西贝今天的辉煌。

八、有大爱

西贝永远把员工当成真正的宝贝，永远把顾客当成最亲的亲人。西贝的核心价值观中排在第一位的是“爱”，在经营管理中始终践行着宽容、有爱的员工管理策略。

九、有智慧

西贝人永远尊道贵德，依道而行……他们以过人的智慧克服着事业发展中的各种艰难险阻。

十、有感恩

西贝永远感恩员工，感恩功臣，感恩顾客，感恩社会，感恩一切……正是这种感恩之心，让西贝人脸上始终洋溢着发自内心的微笑。

这本书是西贝过去30多年的事业发展缩影，读者即使从中学不到管理方面的经验，至少也能了解这个企业的发展脉络和成长内幕，以及充满人情味的企业文化。比如，书中讲述了西贝老板贾国龙的经营战略和管理方法——“好吃战略”，带人理念、激励机制，等等。读者可以从中了解西贝人走过的创业历程，了解他们的成长、付出与奉献，了解他们的泪水与汗水……

相信那些奋斗在餐饮行业的创业者，特别能体会坚守的不易。

有些历史已经展开，有些风云还未过去。西贝能有今天的成就，最根本的原因是贾国龙的自信——对西贝美食的自信，对中华餐饮的自信。西贝未来会变成什么样子？我猜想不到，毕竟，谁能定格一座正在喷发的火山呢？西贝的未来，让我们拭目以待！

行文至此，本书就要结束了。谨以本书中的创业情怀，与全国餐饮行业的同人乃至各行各业的人士共勉。

冯耀龙

2020年12月于新加坡

附　录

初创期（1988—1998年）：

1988年，西贝餐饮在内蒙古临河创立，先后经营黄土坡风味小吃店、西贝酒吧、爱丽格斯海鲜餐厅、新大都酒楼、天天活羊餐厅、餐饮广场等六家店面，总计营业面积约2000平方米，员工500余人，年营业收入约1000万元。

走出内蒙古（1999—2009年）：

1999年7月，西贝进入北京，经营金翠宫海鲜餐厅，年底改换为西贝莜面村；2001年初，建成腾格里塔拉剧院酒楼；到2003年，陆续建成六里桥店、颐和园店、亚运村店、亦庄店、回龙观店等五家西贝莜面村门店。

在随后的六年间，西贝莜面村先后进入呼和浩特、包头、深圳、上海、广州、天津、沈阳、石家庄等城市。

此时西贝旗下拥有“西贝莜面村”“腾格里塔拉”“西贝海鲜”“西贝锅锅”“西贝爱丽格斯火锅”“九十九顶毡房”六个餐饮品牌，共有20余家门店，员工约5000人，年营业收入约5亿元。

战略探索期（2010—2012年）：

2010年，西贝与特劳特（中国）咨询公司合作，对品牌战略进行梳理整合，拉开了西贝战略探索的序幕。

后听从专家建议，西贝将主打业务确定为西贝莜面村，并将品牌名称修改为“西贝西北民间菜”，一年后改为“西贝西北菜”，而后又改为“中国烹羊专家”。

西贝旗下其余品牌，“西贝海鲜”“西贝爱丽格斯火锅”主要在内蒙古各城市发展，“腾格里塔拉”“西贝锅锅”暂时歇业，“九十九顶毡房”仅维持北京一家店运营。

战略确定（2013年）：

2013年春节后，西贝经过全面的总结思考，将核心业务的主打品牌重新确定为“西贝莜面村”。健康美食加青春靓丽的莜面妹，使“西贝莜面村”的品牌形象焕然一新，成功入选中国烹饪协会“中国美食走进联合国”活动，在联合国总部和纽约大学充分展示了莜面这一古老中华美食的无穷魅力。

好吃战略（2014年）：

2014年品牌完成转化，华与华帮西贝创作了“I❤莜”的超级符号，朗涛设计了方形Logo，让西贝莜面村品牌一下子时尚起来。

2014年底，西贝制订了重大战略：好吃战略。

好吃战略的内容包括：

小而美的店面；

少而精的菜单；

邀请全世界的大厨和美食家参与西贝菜品研发；

搭建西贝传统手工美食大师平台；

打造精益求精的优质原材料供应体系；

重新设计中央厨房功能；

打造职业化的西贝厨师队伍；

行政总厨主导店面运营；

精英厨师创业当老板。

西贝黄金十年发展目标（2015—2024年）：

2015—2024年，西贝计划在国内外100个城市，三年累计开店300家，五年开店500家，十年开出1500家店面，实现200亿元人民币的营业额，创造超过600亿元人民币的市值，造就1000个以上创业老板。